HISTOIRE
DE
FRANCE

Histoire de France

Le Siècle des Lumières

TROIS-CONTINENTS

Une production TROIS-CONTINENTS.
L'ensemble des documents publiés dans cet ouvrage provient des archives
appartenant à EDITA S.A., Office du Livre, Compagnie du Livre d'Art, C.L.A.

Sommaire

Citoyen portant la Déclaration des droits de l'homme dans une marche d'une fête civique.

Citoyen portant la déclaration des
droits de l'homme. Dessin
gouache d'un fête civique

LA RÉGENCE

Ci-dessus :
Louis XV.

A gauche :
Louis XV enfant,
à côté du Régent.

Le règne de Louis XV est, après le règne de Louis XIV, le plus long de l'histoire de France : il a duré cinquante-neuf ans, du 1er septembre 1715 au 10 mai 1774. Il se divise en deux parties : d'abord, de 1715 à 1723, la minorité de Louis XV et la Régence du duc d'Orléans ; puis, à partir de 1723, le règne personnel. En fait, pendant son règne personnel Louis XV abandonna le gouvernement d'abord au cardinal de Fleury, puis à des favorites dont les caprices élevèrent et renversèrent les ministres. Le mauvais usage que le roi fit de la puissance absolue héritée de Louis XIV provoqua à plusieurs reprises une sérieuse opposition de la part des Parlements, et rendit évidents, aux yeux de tous, les vices du régime absolutiste. Désastreux pour la France à qui il coûta la perte du plus bel empire colonial du monde, le règne de Louis XV fut plus désastreux encore pour la royauté dont il prépara la ruine en hâtant l'heure de la Révolution.

A droite :
Louis XV enfant,
en habit de sacre

LA RÉGENCE

LE RÉGENT

Louis XV, arrière-petit-fils de Louis XIV, avait cinq ans quand il devint roi. Il était orphelin. Louis XIV avait confié la régence à son plus proche parent, son neveu le duc Philippe d'Orléans. Le Régent – il est resté célèbre sous ce nom – avait quarante-deux ans. Il était réputé pour son brillant courage, maintes fois prouvé pendant les guerres de la Ligue d'Augsbourg et de la Succession d'Espagne, par sa générosité, sa courtoisie, la vivacité de son intelligence, les grâces de son esprit. Mais il était paresseux, insouciant et corrompu. Aussi vit-on à la cour sous son influence une violente réaction contre les mœurs du règne précédent. Pendant les trente-cinq dernières années du règne de Louis XIV, grâce à Mme de Maintenon, la vie à Versailles avait été sérieuse et digne ; le roi avait été dévot, et les courtisans, à l'exemple du maître, s'étaient, en apparence au moins, jetés dans la dévotion. Sous la Régence, au lieu des dévots on eut les *roués*, fanfarons d'incrédulité et de vice, passionnés de plaisirs, même les plus grossiers, à l'exemple de Philippe d'Orléans qui se plaisait chaque soir à de *petits soupers* d'où ses compagnons et lui sortaient rarement sans être complètement ivres.

Ci-contre :
Le Régent,
Philippe
d'Orléans, *peint
par J.B. Santerre.*

LES DIFFICULTÉS FINANCIÈRES

Le Régent eut à faire face aux plus graves difficultés financières, héritées du règne précédent et résultats de ses trente années de guerres. Dans une déclaration adressée au Parlement, Philippe d'Orléans résumait ainsi la situation : *« Il n'y a pas le moindre fonds ni dans notre Trésor ni dans nos recettes pour satisfaire aux dépenses les plus urgentes, et nous avons trouvé le domaine de notre couronne aliéné, les revenus de l'Etat presque anéantis, les impositions ordinaires consommées par avance, une multitude de billets de tant de natures différentes et qui montent à des sommes si considérables qu'à peine en peut-on faire la supputation.* » Le tableau n'était en rien exagéré. La dette était de près de 3 milliards de livres et les intérêts annuels dus aux créanciers montaient à 86 millions. Les recettes nettes de l'Etat se montaient à 75 millions de livres et les dépenses à 140 millions. Le déficit annuel atteignait 65 millions.

Les divers moyens par lesquels on essaya de remédier au mal ne donnèrent que des résultats insuffisants. En 1716, un banquier écossais, Law, vint proposer un système qui devait permettre de restaurer les finances. On l'essaya.

MAJORITÉ ET MARIAGE DE LOUIS XV

La régence dura sept ans. Après que Louis XV eut été proclamé majeur, à treize ans (22 février 1723) le duc d'Orléans conserva la direction des affaires quelques mois encore, avec le titre de premier ministre. Quand il mourut (2 décembre 1723), tué par une attaque d'apoplexie, Louis XV guidé par son précepteur l'évêque de Fréjus, Fleury, désigna pour le remplacer un autre de ses parents, le premier prince du sang, le duc de Bourbon, arrière-petit-fils du grand Condé. Celui-ci resta au pouvoir pendant trois ans environ. Pour assurer le plus promptement possible la succession au trône, il maria Louix XV à quinze ans, avec une princesse de sept ans plus âgée que lui, Marie Leczinska, fille de Stanislas, roi de Pologne détrôné.

LA RÉGENCE

Ci-contre :
Le Cardinal de
Fleury.

Ci-dessous :
Le duc d'Orléans
et le cardinal de
Fleury président
le conseil des
Ministres.
Château de
Versailles.

JOHN LAW, FINANCIER ET

*A gauche :
John Law,
financier et
spéculateur
écossais.*

*A droite :
son épouse.*

LAW DE LAURISTON, fils d'un riche orfèvre d'Edimbourg, né en 1671, tenta la première application en France du système du crédit. Substitution du papier-monnaie au numéraire ; établissement d'une banque d'Etat, émettant du papier-monnaie avec cours obligatoire et réserve métallique répondant à la valeur des billets ; organisation d'une compagnie générale de commerce étroitement liée à la banque et pouvant émettre des actions, tel et, en peu de mots, le fameux système de Law.

Le Régent, menacé de la banqueroute, accepta les propositions brillantes de Law.

SPÉCULATEUR

Law obtint en peu de temps un succès exagéré, mais sa grande erreur fut de croire qu'on pourrait supprimer le numéraire et que, la monnaie de papier étant renouvelable sans limites, la fortune de l'Etat serait à jamais inépuisable. Une émission excessive de billets compromit son œuvre ; la confiance s'ébranla, et les détenteurs de billets accoururent en foule pour échanger leurs actions contre de l'or et de l'argent. Law, ne pouvant rembourser, quitta Paris et le royaume. Il avait loyalement jeté sa fortune personnelle dans le système. Entré riche en France, il en sortit ruiné. Il mourut pauvre en 1729.

LA PANIQUE DE LA RUE

LES SPÉCULATEURS DE LA RUE QUINCAMPOIX

Le public se précipitait, avec une ardeur croissante, vers les actions de la Compagnie des Indes. Les actions, émises à 500 francs en août 1717, s'élevèrent, en octobre 1719, à 10 000 francs et montèrent encore.

Le centre de tout ce mouvement était la rue Quincampoix, entre les rues Saint-Martin et Saint-Denis. C'est là que se trouvaient les bureaux où l'on achetait et vendait les actions. Tout Paris, toute la France, toute l'Europe s'y étouffèrent six mois durant. Toutes les classes, des princes aux valets, des grandes dames aux courtisanes, s'y confondaient dans l'égalité du jeu. Il s'y faisait en quelques instants des fortunes inouïes.

Ci-contre :
Devant le siège
de la Compagnie
de Law, rue
Quincampoix.

Ci-contre :
Ecu d'or
à l'effigie de
Louis XV.

QUINCAMPOIX

LA PANIQUE DE LA RUE QUINCAMPOIX

Tel laquais, enrichi d'un tour de main, achetait le carrosse derrière lequel il était monté la veille. On dépensait des sommes folles aussi vite qu'on les gagnait ; la circulation était à l'entour obstruée par la multitude des équipages ; on ne voyait que broderies d'or et d'argent sur des habits de soie et de velours.

« *Le commerce des actions de la Compagnie des Indes*, écrit Saint-Simon, *établi dans la rue Quincampoix, de laquelle chevaux et carrosses furent bannis, augmenta tellement qu'on s'y portait toute la journée et qu'il fallut placer des gardes aux deux bouts de cette rue, y mettre des tambours et des cloches pour avertir à sept heures du matin de l'ouverture de ce commerce et de la retraite à la nuit,*

Ci-contre :
A cette époque, éclate à Londres le scandale financier de la compagnie des Mers du Sud.

enfin redoubler les défenses d'y aller les dimanches et les fêtes. On se précipitait à changer terres et maisons en papier, et ce papier faisait que les moindres choses étaient hors de prix. Toutes les têtes étaient tournées. »

Le succès se maintint plus d'un an. Mais bientôt des capitalistes mieux avisés firent ce raisonnement que les actions, qui ne rapportaient pas les dividendes promis, n'avaient que la valeur fictive que leur donnait pour un moment l'agiotage. On commença à réaliser, en changeant les actions en billets, les billets en argent. La confiance fut ébranlée et l'on vint en foule assiéger les guichets pour se faire payer. La banque ne put rembourser ; le peuple se souleva et la vie de Law fut menacée jusque dans le Palais-Royal.

LE GOUVERNEMENT DE LOUIS XV

A gauche :
Buste
de Louis XV

Les instruments de gouvernement demeurèrent sous Louis XV les mêmes que sous Louis XIV : ministres, conseils, gouverneurs, intendants. De même, la conception que le roi se faisait de la nature de son pouvoir ne varia pas. Comme Louis XIV, Louis XV entendait être le maître unique et absolu du royaume : *« Nous ne tenons notre couronne que de Dieu*, disait-il au Parlement de Paris. *Le droit de faire des lois nous appartient à nous seuls, sans dépendance et sans partage »* (1771). De son souverain pouvoir il entendait user et il usa selon son caprice et pour la satisfaction de ses caprices.

LE GOUVERNEMENT DE LOUIS XV

Le détestable gouvernement de Louis XV, provoqua ce que l'on n'avait jamais vu sous Louis XIV, une sérieuse opposition et même à partir de 1750, d'énergiques tentatives de résistance à la volonté royale. L'opposition, comme un siècle plus tôt au temps de Mazarin, eut pour centre le monde des parlementaires. Mais tandis qu'au milieu du dix-septième siècle le Parlement de Paris avait été à peu près seul à agir, au milieu du dix-huitième siècle les douze parlements provinciaux intervinrent, lièrent leur action à son action et prétendirent n'être *« qu'un seul et unique corps animé du même esprit, nourri des mêmes principes, occupé du même objet ».* Cet objet, c'était, d'après le Parlement de Paris, *« de faire observer toutes les lois et maximes du royaume et y*

Louis XV peint par Carle van Loo, et par François-Hubert Drouais.

conformer la police générale ». Les parlements institués pour juger prétendaient donc se transformer en corps politique, ayant mission de surveiller les actes du gouvernement. En vertu de cette théorie, le Parlement de Rouen, puis celui de Paris osèrent réclamer du roi, en 1763, la communication du tableau des dépenses et des recettes de l'Etat.

Les parlementaires employèrent d'abord les procédés d'opposition traditionnels : ils refusèrent d'enregistrer les édits royaux et présentèrent des remontrances. Le roi passa outre en tenant, selon l'usage, des lits de justice où il faisait en sa présence transcrire les édits sur les registres du Parlement.

Mais alors les parlementaires imaginèrent un nouveau procédé de combat. Pour protester contre les lits de justice, qu'ils considéraient comme des coups d'Etat portant atteinte à leurs droits, ils firent grève : ils refusèrent de rendre la justice, ou bien démissionnèrent en masse. Le fait se produisit à cinq reprises de 1750 à 1770, à Paris, à Rouen, à Rennes. Le roi riposta d'abord en exilant les démissionnaires. Puis au bout d'un certain temps, cédant au mécontentement public, il rappela les exilés.

Mais en 1771 le conflit eut une tout autre solution. A la suite d'un édit lui interdisant de suspendre aucunement le cours de la Justice, le Parlement fit grève. Le chancelier Maupeou l'exila, puis le remplaça par des Conseils supérieurs, dont les membres nommés par le roi n'étaient pas propriétaires de leurs charges. La réforme était bonne. Elle fut étendue aux parlements de province qui s'étaient élevés contre les mesures prises par Maupeou envers le Parlement de Paris. Cette heureuse transformation faite par le ministre d'un souverain détesté parut détestable, et l'opinion prit parti pour les parlementaires qui avaient eu le courage de tenir tête au roi.

LE GOUVERNEMENT DE LOUIS XV

Le chancelier de Maupeou. Musée de Versailles.

MAUPEOU (René-Nicolas-Charles-Augustin de), né en 1714, fut successivement conseiller au Parlement de Paris, premier président et chancelier.

Il a attaché son nom à un coup d'Etat qui souleva contre lui la haine et la colère de la nation.

Afin de briser l'opposition parlementaire qui depuis quarante ans tenait la royauté en échec, il supprima le Parlement de Paris et le remplaça par des cours nouvelles. Les parlements de province qui résistèrent furent à leur tour supprimés et réorganisés.

Ce coup d'Etat, approuvé par Voltaire entre autres, souleva l'indignation de la majorité, qui ne voulut y voir qu'un acte brutal de despotisme. Aussi la chute de Maupeou, disgracié à l'avènement de Louis XVI (24 août 1774), fut-elle accueillie avec enthousiasme.

Maupeou refusa de se démettre de sa charge inamovible de chancelier. Il ne reparut plus à la cour et se retira dans sa terre du Thuit (Eure), où il mourut en 1792. Il vécut assez pour voir ses réformes reprises par la Révolution et les parlements abolis de nouveau et cette fois sans retour.

*Choiseul,
ministre
des Affaires
étrangères par
Van Loo. Musée
de Versailles.*

CHOISEUL (Etienne-François, duc de), né en 1719, mort en 1785, porta d'abord le nom de comte de Stainville.

Après avoir servi dans la guerre de la Succession d'Espagne, il devint lieutenant-général en 1749. Grâce à l'appui de Mme de Pompadour, il fut envoyé ambassadeur à Rome, puis à Vienne.

Ministre des Affaires étrangères (1759), duc et pair, ministre de la Guerre et de la Marine (1761), puis de nouveau ministre des Affaires étrangères en 1766, Choiseul s'occupa très activement de la réorganisation de l'armée, restaura complètement la Marine et répara les pertes causées par la guerre de Sept Ans. Sous son gouvernement, la Corse fut conquise, le Pacte de famille conclu. Il travailla avec ardeur à arrêter les progrès menaçants de la Russie.

Les intrigues de Mme Dubarry, à laquelle se joignirent le duc d'Aiguillon, le chancelier Maupeou et l'abbé Terray, amenèrent sa disgrâce. Louis XIV l'exila dans sa terre de Chanteloup (24 décembre 1770). L'opinion publique se déclara pour lui, mais son exil ne cessa qu'à la mort de Louis XV.

LOUIS XV LE BIEN AIMÉ

LOUIS XV

Lorsque Fleury mourut en 1743, à quatre-vingt-dix ans, beaucoup pensaient que Louis XV allait enfin gouverner lui-même. Il avait trente-trois ans. Il était beau ; au dire d'un de ses ministres, d'Argenson, *« lors de son sacre il ressemblait à l'Amour »*. Ses sujets lui étaient passionnément attachés. En 1744, la nouvelle s'étant répandue qu'il était tombé malade à Metz, l'ensemble des Français se précipita dans les églises. A Paris, à la seule sacristie de Notre-Dame six mille messes furent demandées par des gens du peuple pour sa guérison. Ce fut alors qu'on le surnomma Louis le *Bien-Aimé*.

Jamais souverain ne fut plus indigne d'un pareil dévouement. Louis XV avait été élevé de façon déplorable. Il avait eu le malheur, étant orphelin, d'être roi à cinq ans. Autour de lui il n'avait vu que des courtisans empressés déjà à lui plaire, et

*Ci-dessous :
Cérémonie du
mariage de
Louis XV avec
Marie Leczinska.*

A droite :
J.B. Oudry.
Louis XV en
costume de
chasse, *1728.*
Musée d'Art et
d'Histoire,
Fribourg.

dont l'attitude et les propos ne pouvaient déve-
lopper que son orgueil et ses instincts égoïstes.
« *Sire, tout ce peuple est à vous* », lui avait dit un
jour son gouverneur le maréchal de Villeroy, en
lui montrant, du haut d'un balcon, les Parisiens
accourus par milliers pour le voir. Personne
n'avait eu l'autorité nécessaire pour tenter de
redresser ses mauvais instincts. Il était naturelle-
ment méchant. A douze ans il essayait de tuer
pour le plaisir une biche apprivoisée. Il resta toute
sa vie dur et sarcastique, et l'un de ses ministres,

LOUIS XV LE BIEN AIMÉ

Choiseul, le définissait peu d'années avant sa mort, « *un homme sans âme et sans esprit, aimant le mal comme les enfants aiment à faire souffrir les animaux, ayant tous les défauts de l'âme la plus vile et la moins éclairée.* »

Il était intelligent, mais paresseux. Louis le Bien Aimé eût été plus justement nommé Louis *le Fainéant*, et ce fut le malheur de la France d'avoir un souverain de cette sorte dans le temps même où par toute l'Europe, tous les souverains,

A droite :
Mᵐᵉ du Barry.
Peinture d'après
Laurence.

en Prusse Frédéric II, en Autriche Marie-Thérèse et Joseph II, en Russie Catherine II, se montraient le plus actifs et le plus soucieux du bien de leurs Etats. Il fut d'autant plus coupable qu'il voyait clairement la gravité de la situation du royaume et sentait une catastrophe prochaine. « *La machine, la bonne machine*, disait-il, *durera bien autant que nous !* » et satisfait de n'avoir rien à craindre pour lui-même, il abandonnait le soin du gouvernement à ses ministres. Ceux-ci, d'après

LOUIS XV LE BIEN AIMÉ

A gauche :
Le Parterre
d'Eau du château
de Versailles.

d'Argenson, arrivaient à peine à le voir une demi-heure par semaine pour les affaires. Rarement il présidait le Conseil d'Etat. Ses occupations, c'étaient la chasse, ses favorites, la confection du café dans l'appartement de ses filles, la tapisserie, la lecture des rapports de basse police et des correspondances privées qu'il faisait intercepter : ce roi de France eut des habitudes de laquais malhonnête. A partir de 1750 son peuple n'eut pour lui que mépris et que haine. Au mois de mai 1750, au cours d'émeutes qui durèrent quatre jours, si violentes que la police fut impuissante à les réprimer et qu'il fallut faire donner la troupe, les Parisiens parlaient de marcher sur Versailles et d'aller brûler le château. Depuis, la haine ne cessa pas de grandir et le roi n'osait plus venir à Paris. On n'osa même pas y faire passer son cercueil quand on le transporta à Saint-Denis. On l'emmena de nuit, et tandis que le corbillard traversait au grand trot le Bois de Boulogne, sur les côtés de la route des spectateurs criaient : *Taïaut ! Taïaut !* – le cri du chasseur poussant les chiens à la curée.

A droite :
L'orangerie de
Versailles.

LA MARQUISE DE POMPADOUR

A gauche :
Madame de
Pompadour,
peinte par
Boucher
(Paris, Louvre).

Parmi les favorites, il en est une qui compte dans l'histoire parce qu'elle joua un rôle politique et influa sur les destinées de la France : Jeanne Poisson, une bourgeoise intelligente et jolie, artiste et lettrée, à qui Louis XV donna le titre de *marquise de Pompadour*. Officiellement présentée à la cour, ayant son appartement au château de Versailles, elle fut jusqu'à sa mort, pendant près de vingt ans, de 1745 à 1764, la vraie souveraine. Elle fit et défit les ministres qui venaient prendre ses ordres ; elle donna et retira les commande-

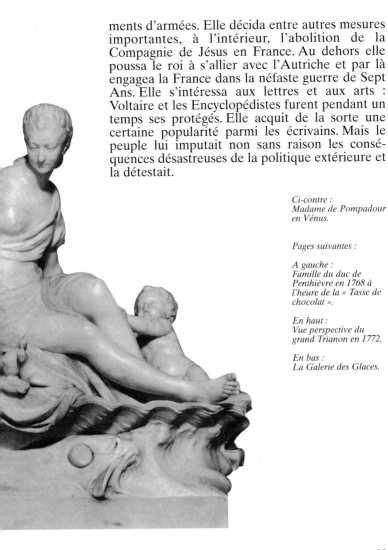

ments d'armées. Elle décida entre autres mesures importantes, à l'intérieur, l'abolition de la Compagnie de Jésus en France. Au dehors elle poussa le roi à s'allier avec l'Autriche et par là engagea la France dans la néfaste guerre de Sept Ans. Elle s'intéressa aux lettres et aux arts : Voltaire et les Encyclopédistes furent pendant un temps ses protégés. Elle acquit de la sorte une certaine popularité parmi les écrivains. Mais le peuple lui imputait non sans raison les conséquences désastreuses de la politique extérieure et la détestait.

Ci-contre :
Madame de Pompadour
en Vénus.

Pages suivantes :

A gauche :
Famille du duc de
Penthièvre en 1768 à
l'heure de la « Tasse de
chocolat ».

En haut :
Vue perspective du
grand Trianon en 1772.

En bas :
La Galerie des Glaces.

LA COUR DE VERSAILLES

Bien que la capitale du royaume fût Paris, le roi vivait au palais de Versailles. Il y était entouré d'une cour brillante et nombreuse, dix-sept ou dix-huit mille personnes, dont seize mille environ attachées au service personnel du roi ou au service de sa famille, et mille à deux mille courtisans sans fonctions définies, attendant charges ou pensions de la faveur royale.

Le roi avait une maison militaire et une maison civile. La maison militaire, récemment simplifiée, comptait encore neuf mille hommes : une cavalerie – gardes du corps, gendarmes, tous nobles ; – une infanterie – gardes françaises et gardes suisses.

La maison civile ne comprenait pas moins de quatre mille personnes. La reine, les enfants du roi, ses frères, ses sœurs, ses belles-sœurs, ses tantes, son cousin, avaient chacun leurs maisons particulières, soit trois mille personnes environ, dont cinq cents au service de la reine.

Le luxe de cette cour était désordonné. Les écuries du roi contenaient près de dix neuf cents chevaux avec plus de deux cents voitures, et les dépenses de ce seul service montaient chaque année à sept millions sept cent mille livres, environ vingt millions aujourd'hui ; c'était plus que ne coûtaient les neuf mille hommes de la maison militaire. Le service de la table royale – la *Bouche du Roi* – après que Louis XVI eut ordonné des « retranchements », c'est-à-dire des économies, coûtait annuellement deux millions neuf cent mille livres, plus de sept millions de francs.

Le gaspillage était formidable et les domestiques volaient effrontément. Les premières femmes de chambre se faisaient chacune annuellement cinquante mille livres de revenu – près de cent cinquante mille francs par an – uniquement en revendant les bouts de bougies allumées dans la journée au palais. On comptait à Marie-Antoinettre quatre paires de chaussures par semaine. Grâce à ce désordre, le total des dépenses des maisons civile et militaire atteignait en 1789 trente-trois millions de livres – près de quatre-vingt-trois millions de francs.

Encore n'était-ce pas là tout ce que la cour coûtait réellement au royaume. Il y avait en outre les cadeaux faits par le roi, les pensions accordées aux courtisans, aux amis de la reine, à des familles de proie comme celle des Polignac, dont les membres se partageaient sept cent mille livres, près de deux millions par an, et dont les « rapines » révoltaient jusqu'aux ambassadeurs étrangers. Necker calculait que de 1774 à 1789 le roi avait donné à sa famille ou à ses courtisans deux cent vingt-huit millions. Sous Louis XVI autant que sous Louis XV, la terrible phrase de d'Argenson restait vraie : « *La cour était le tombeau de la Nation* ».

DES AFFAIRES RETENTISSANTES

LE CIMETIÈRE DE SAINT-MÉDARD

Sous le ministère de Fleury, Paris fut le théâtre de faits bizarres qui excitèrent une vive curiosité dans toute la France. Les jansénistes, toujours en querelle avec les jésuites, voulurent avoir leurs prodiges.

Un diacre du faubourg Saint-Marceau, appelé Pâris, et qui jouissait d'une grande réputation dans son quartier, étant venu à mourir, le bruit se répandit qu'opérait sur son tombeau des guérisons miraculeuses. Les jansénistes vinrent en foule au cimetière Saint-Médard, où avait été inhumé Pâris. Une exaltation des plus vives s'empara de tous les esprits ; des cris, des sanglots, des crises nerveuses éclatèrent de toutes parts, des malades, des infirmes se firent étendre sur le tombeau. Des boiteux, des paralytiques, des gens atteints de maladies nerveuses furent soudainement et plus ou moins durablement guéris. Ces

cures étranges attirèrent en masse les curieux et firent beaucoup de croyants.

Le gouvernement fit fermer le cimetière Saint-Médard (janvier 1732). Les prodiges continuèrent ; les réunions, ne pouvant plus avoir lieu autour de la tombe de Pâris, se firent de nuit dans des maisons particulières, où se produisirent des phénomènes encore plus étranges qu'à Saint-Médard. Des femmes, des jeunes filles entraient dans des convulsions accompagnées d'une sorte d'insensibilité telle qu'on les frappait rudement et quelquefois même qu'on leur clouait les pieds et les mains sans qu'elles sentissent rien.

Mieux que les mesures ordonnées par le gouvernement, ces excès fanatiques aliénèrent l'opinion publique. Les hommes sérieux du parti janséniste protestèrent contre les folies qui compromettaient leur cause, et le public, dans sa réaction contre les *Convulsionnaires*, finit par ne plus voir qu'imposture là où il y avait eu des phénomènes singuliers dus à une exaltation sincère et dignes d'être étudiés par la science.

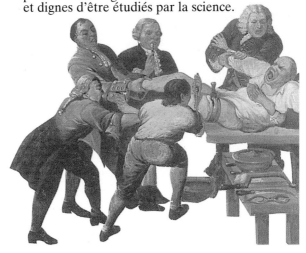

DES AFFAIRES RETENTISSANTES

L'AFFAIRE CALAS

Jean Calas était un négociant calviniste de Toulouse. Son fils aîné s'étant pendu, Calas cacha son suicide. Accusé d'avoir assassiné son fils pour l'empêcher de se convertir au catholicisme, il fut condamné au supplice de la roue et exécuté. Sa famille, avec l'aide de Voltaire et d'Elie de Beaumont, réussit à prouver l'erreur judiciaire et à réhabiliter la victime (1765), et l'*affaire Calas* devint un exemple de l'intolérance et de la persécution catholique à l'égard des protestants.

L'EXPULSION DES JÉSUITES

En 1755, le supérieur des jésuites dans les petites Antilles françaises fit une banqueroute qui ruina une maison de commerce de Marseille. Le tribunal de commerce de cette ville déclara la Société de Jésus solidaire et la condamna à indemniser la maison de Marseille. Le Parlement de Paris, devant lequel la Société eut l'imprudence d'appeler, confirma la sentence.

Ce progrès amena le Parlement à examiner les constitutions des jésuites. Un arrêt du 6 août 1762 déclara l'institution des jésuites inadmissible dans tout Etat policé, comme étant un corps politique tendant à usurper toute autorité.

D'accord avec le ministre Choiseul, le Parlement de Paris obtint du roi une déclaration qui supprimait entièrement la Société de Jésus en France et permettait aux anciens membres de la Société de vivre dans le royaume comme particuliers, en se conformant aux lois (1764).

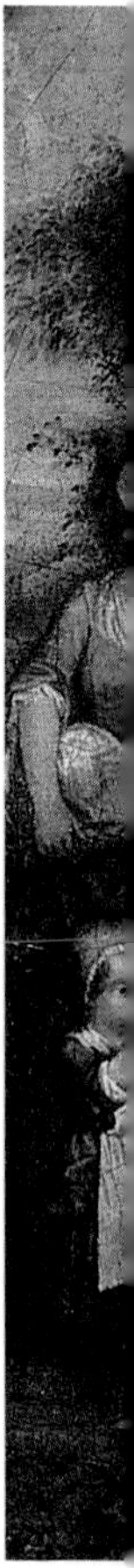

Ci-contre :
La famille Calas
demandant l'aide
de Voltaire à
Ferney.

DES AFFAIRES RETENTISSANTES

Après la France, l'Espagne frappa. Un décret royal du 2 avril 1767 supprima la Société de Jésus et, le même jour, dans toute l'étendue des possessions espagnoles les jésuites furent expulsés. A la nouvelle du décret du roi d'Espagne, le Parlement de Paris enjoignit à tous les jésuites français de sortir du royaume.

C'est en 1773 seulement que le pape Clément XIV, cédant enfin à la pression des souverains catholiques, prononça l'abolition de la Société de Jésus.

*Ci-contre :
Marie-Thérèse
d'Autriche.*

*Ci-dessous :
L'expulsion des
Jésuites.*

*Au centre :
La bataille de
Fontenoy.
Maurice, comte
de Saxe, le plus
grand général du
règne de
Louis XV.*

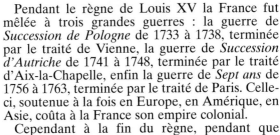

Pendant le règne de Louis XV la France fut mêlée à trois grandes guerres : la guerre de *Succession de Pologne* de 1733 à 1738, terminée par le traité de Vienne, la guerre de *Succession d'Autriche* de 1741 à 1748, terminée par le traité d'Aix-la-Chapelle, enfin la guerre de *Sept ans* de 1756 à 1763, terminée par le traité de Paris. Celle-ci, soutenue à la fois en Europe, en Amérique, en Asie, coûta à la France son empire colonial.

Cependant à la fin du règne, pendant que Choiseul était le principal ministre, la France s'aggrandit de la Lorraine et de la Corse. La Lorraine fut annexée en 1766 en vertu des conventions qui avaient terminé vingt-huit ans plus tôt la guerre de Succession de Pologne. Quant à la Corse elle fut achetée en 1768 à la République de Gênes qui ne pouvait parvenir à la soumettre. Elle devint française au moment où allait naître, à Ajaccio, Napoléon Bonaparte.

LA POLITIQUE EXTÉRIEURE DE LOUIS XV

STANISLAS IER LESZCZYNSKI, ROI DE POLOGNE

Né en Gallicie le 20 octobre 1677, était fils du grand trésorier du royaume. Envoyé à la cour de Suède en 1704, il conquit les bonnes grâces du roi Charles XII, qui le fit nommer roi de Pologne après avoir détrôné Auguste II (1706).

Les désastres de Charles XII entraînèrent la perte de Stanislas. Après la bataille de Pultawa, il fut renversé à son tour par Auguste et alla rejoindre en Turquie Charles XII qui lui abandonna la souveraineté du duché des Deux-Ponts.

Ci-dessous :
L'électeur de Saxe *(au centre, redingote jaune), roi de Pologne, peint par* L. Silvestre, *Paris, Louvre.*

Après la mort de son protecteur en 1718, il se retira en Alsace. C'est là qu'en 1725 la main de sa fille, la douce et pieuse Marie Lesczyńska, lui fut demandée pour Louis XV.

A la mort d'Auguste II (1733), Stanislas fut de nouveau proclamé roi par les Polonais. Mais l'Autriche et la Russie lui opposèrent Auguste de Saxe. Assiégé par les Russes dans Dantzig et mal soutenu par le gouvernement de Fleury, il dut s'enfuir déguisé en paysan. Le traité de Vienne (1738) lui donna, en échange de sa renonciation définitive au trône de Pologne, les duchés de Lorraine et de Bar, qui, à sa mort, devaient revenir à la France.

Il mourut à Lunéville, en 1766, après avoir mérité, par sa bonté et la sagesse de son administration, l'affection de ses sujets et le surnom de *Bienfaisant*.

LA BATAILLE DE FONTENOY

Soixante-dix mille Français avaient investi Tournai, le 25 avril 1745. Les ennemis, au nombre de cinquante-cinq mille, commandés par le duc de Cumberland, fils du roi d'Angleterre, et le feld-maréchal autrichien Kœnigsegg, marchèrent au secours de Tournai et parurent le 9 mai en vue de l'armée française. Le maréchal de Saxe prit une position défensive sur la rive droite de l'Escaut, avec son centre couvert par un ravin et par le village de Fontenoy.

Les ennemis attaquèrent le 11 au matin ; la bataille durait depuis cinq heures, lorsque le duc de Cumberland imagina de réunir son infanterie en une colonne compacte pour enfoncer le centre de l'armée française. Les Anglais franchirent le ravin de Fontenoy. A cinquante pas des Français, les officiers anglais saluèrent en ôtant leurs chapeaux. Les officiers français leur rendirent leur salut. « *Messieurs des gardes françaises*, cria alors le capitaine aux gardes anglaises, *tirez ! – Messieurs, nous ne tirons jamais les premiers, tirez vous-mêmes,* répondirent les gardes françaises. » Les Anglais tirèrent les premiers.

Le maréchal de Saxe, qui se faisait traîner partout dans une petite carriole d'osier, prépara tout à la fois un dernier effort et la retraite. Des pièces de canon furent amenées du corps de réserve et braquées sur l'épaisse colonne anglaise qui fut prise en écharpe ; puis toutes les troupes françaises disponibles, au signal du maréchal de Saxe, tombèrent à la fois sur les Anglais comme un ouragan.

La victoire était gagnée.

La perte des ennemis fut de douze à quatorze mille hommes et de quarante canons ; les Français avaient perdu plus de sept mille hommes.

Bataille de Fontenoy le 11 mai 1745, peinte par Horace Vernet (1828).

L'INTERVENTION FRANÇAISE

Ci-dessus :
La Fayette. Musée
de Versailles.

A gauche :
Benjamin
Franklin.

Le 4 juillet 1776, les députés américains réunis à Philadelphie formèrent un Congrès qui, après avoir solennellement exposé dans une Déclaration des Droits, la théorie constitutionnelle des Américains, organisa officiellement la mise à l'index des marchandises anglaises, une ligue légale de non-importation.

LA GUERRE

Ce fut le début d'une guerre longue et très difficile. D'abord les Américains n'avaient pas de gouvernement central.

Mais ils eurent pour eux Washington, le pays lui-même, enfin l'alliance de la France.

George Washington était un riche planteur de Virginie. A quarante-trois ans, il s'était distingué

DANS LA GUERRE D'AMÉRIQUE

A droite :
Washington.
Peinture d'après
Peale. Musée de
Versailles.

pendant la guerre du Canada comme officier de la milice. Aussi le Congrès lui donna-t-il le commandement de l'armée. Il était énergique, prudent, désintéressé, mais surtout il était tenace et incapable de découragement. Il sut après chaque échec refaire une armée et finit par constituer un noyau de troupes solides. Il ne fut pas seulement un homme de guerre, il eut aussi les qualités de l'homme d'Etat, et le Congrès à maintes reprises se trouva bien d'écouter ses conseils.

L'INTERVENTION FRANÇAISE DANS LA GUERRE D'AMÉRIQUE

Les Américains eurent encore pour eux le pays, l'immensité d'un théâtre d'opérations qui s'étendaient sur près de 800 kilomètres, – presque la distance de Paris à Berlin, – avec des routes rares et mauvaises, de nombreuses rivières, pas de ponts, des forêts, de vastes espaces en friche, où l'ennemi n'avançait qu'à grand'peine et ne trouvait pas à se ravitailler.

Le 17 octobre 1777, une armée anglaise capitule près de Saratoga. Cette capitulation assura le salut des insurgés, parce qu'elle détermina le gouvernement français à s'allier avec eux. Le conflit entre l'Angleterre et ses colonies avait été dès le premier jour suivi avec attention en France. Après le traité de Paris, Choiseul, avait activement travaillé à refaire l'armée et surtout la flotte, dans la pensée que le conflit anglo-américain fournirait l'occasion d'une revanche. Pourtant le successeur de Louis XV, le jeune roi Louis XVI hésita pendant trois ans encore après la proclamation de l'indépendance à se déclarer ouvertement pour les « Insurgents » : c'était le nom que l'on donnait à Paris aux révoltés. Parmi les ministres, les uns avec Turgot, considérant le mauvais état des finances, combattaient toute idée de guerre. Les autres avec le comte de Vergennes, le ministre des affaires étrangères, pensaient au contraire avec raison qu'il fallait à tout prix relever la France de la situation humiliée où l'avait placée le traité de Paris, et aussi son inaction lors du partage de la Pologne. Cependant on se borna d'abord à fournir secrètement de l'argent, des armes et des équipements aux Américains. De jeunes officiers nobles, des courtisans, parmi lesquels le marquis de La Fayette, allèrent comme volontaires se mettre aux ordres de Washington.

Mais après la capitulation de Saratoga le parti de la guerre l'emporta à Versailles. On négocia avec l'envoyé des Insurgents, Franklin, et l'on signa

Ci-dessus :
Gilbert Motier
Marquis de La
Fayette.

L'INTERVENTION FRANÇAISE DANS LA GUERRE D'AMÉRIQUE

Ci-contre :
Portrait de
La Fayette, *par*
Louis Léopold
Boilly. Musée de
Versailles.

avec lui un traité de commerce et un traité d'alliance le 6 février 1778. La guerre anglo-américaine devint aussitôt une guerre anglo-française. L'habileté de Vergennes la transforma rapidement en une guerre anglo-européenne. Vergennes obtint d'abord l'alliance de l'Espagne ; puis, il isola complètement l'Angleterre en groupant toutes les puissances maritimes, par l'intermédiaire de Catherine II, en une ligue de neutralité armée, destinée à limiter l'autorité arbitraire que les Anglais prétendaient exercer sur toutes les mers (1780).

L'INTERVENTION FRANÇAISE DANS LA GUERRE D'AMÉRIQUE

CAPITULATION DE YORKTOWN

En Amérique, un corps d'armée français commandé par Rochambeau et une flotte française commandée par l'amiral de Grasse aidèrent Washington à bloquer dans Yorktown, petite place de l'état de Virginie, la principale armée anglaise et la forcèrent à mettre bas les armes (19 octobre 1781). Cette victoire décida de l'indépendance des Etats-Unis.

Hors d'Amérique, la guerre se fit uniquement sur mer. Il y eut alors comme une résurrection de la marine française. Toute puissante au temps de Colbert, elle avait pour ainsi dire disparu pendant le dix-huitième siècle, sacrifiée d'abord à l'alliance anglaise, puis aux guerres continentales. Entre 1777 et 1783, de nombreuses escadres rapidement construites, bien armées, commandées par des officiers d'élite, se montrèrent de nouveau capables de tenir victorieusement tête à la flotte anglaise, la première au monde. Les succès les plus brillants furent remportés sur les côtes de l'Inde, par le bailli de Suffren.

PAIX DE VERSAILLES

A la fin de 1782, les Anglais firent des propositions de paix qu'on entendit volontiers en France parce qu'on était à court d'argent. Les négociations aboutirent à la signature de la paix à Versailles (3 septembre 1783). Les Anglais reconnaissaient l'indépendance des Etats-Unis et leur abandonnaient l'arrière-pays jusqu'au Mississipi. Ils rendaient à la France quelques îles aux Antilles et le Sénégal. Ils rendaient à l'Espagne la Floride ; par suite, la France recouvrait la Louisiane.

Rencontre du Comte de Rochambeau et de G. Washington lors du siège de Yorktown le 17 octobre 1781,
par Louis Charles Auguste Couder (1836).

LA POLITIQUE COLONIALE

LA POLITIQUE COLONIALE
AU DIX-HUITIÈME SIÈCLE

Parallèlement au conflit austro-prussien dans l'Europe centrale, un confllit entre la France et l'Angleterre se déroula de 1742 à 1763, à la fois en Europe et hors d'Europe. Ce conflit eut pour causes une rivalité économique et coloniale, le développement, inquiétant pour le commerce maritime et l'empire colonial anglais, du commerce maritime et de l'empire colonial français. Hors d'Europe, on se battit dans l'Amérique du Nord, au Canada ; en Asie, dans l'Inde. Par la faute du gouvernement de Louis XV qui ne soutint pas les efforts héroïques de Montcalm au Canada, de Dupleix dans l'Inde, le conflit aboutit à la destruction de l'Empire colonial français, cédé tout entier à l'Angleterre par le traité de Paris (1763).

Ci-contre :
Montcalm de
Saint-Veran.

DE LA FRANCE

Ci-dessous :
Vue de Québec et
du Saint-Laurent.

LE QUÉBEC

La colonie française du Canada, devenue rapidement très prospère, avait été de bonne heure convoitée par les Anglais, qui essayèrent de s'en emparer à la fin du règne de Louis XIV. N'ayant pu y parvenir, ils renouvelèrent leur attaque au commencement de la guerre de Sept Ans.

Le Canada fut envahi en juin 1759. Les Canadiens, délaissés du gouvernement français et appuyés seulement par un chef militaire, Montcalm concentrèrent treize ou quatorze mille combattants sur le Saint-Laurent, près de Québec, leur chef-lieu, et repoussèrent victorieusement, durant deux mois et demi, toutes les

LA POLITIQUE COLONIALE DE LA FRANCE

attaques d'un corps d'armée anglo-américain qui avait remonté le Saint-Laurent sous l'escorte de vingt vaisseaux de ligne.

Le général anglais, Wolf, tenta un nouvel effort et parvint à débarquer par surprise sur la rive gauche du fleuve. Montcalm fondit sur l'ennemi ; lui et Wolf tombèrent presque en même temps blessés à mort. Les Français, fort réduits en nombre, évacuèrent leurs positions et Québec capitula quelques jours après.

Au printemps, sept mille Canadiens essayèrent de reprendre Québec.

Il fallut lever le siège. Les Canadiens résistèrent plusieurs mois encore. Toutes les forces anglo-américaines se réunirent enfin contre Montréal, dernier refuge des Canadiens. Le 8 septembre 1760 fut signée la capitulation par laquelle le Canada cessa d'être la *Nouvelle-France* et devint une province anglaise.

Ci-contre :
La Bataille du
Lac Champlain.

PONDICHÉRY

Ci-dessus :
Joseph Dupleix .

Le traité d'Aix-la-Chapelle (1748) avait imposé à Dupleix la nécessité de rendre Madras aux Anglais. Il ne se découragea pas. Il cessa d'attaquer les Anglais directement, mais il continua de travailler à assurer la prépondérance française sur eux.

Il donna son appui à un prince mogol qui disputait la vice-royauté du Dekkan au vice-roi régnant, Nazir-Jung, lié avec les Anglais. Nazir-Jung, exilé par les Anglais, lança sur le Carnatic,

LA POLITIQUE COLONIALE DE LA FRANCE

*A gauche :
Suffren et
le sultan Haïder
Ali en Inde.*

province où sont situés Pondichéry et Madras, 300 000 soldats avec 800 canons et 1 300 éléphants.

Dupleix, par ses négociations, sema la division parmi les chefs ennemis ; puis, une nuit, il fit surprendre le camp indien par une poignée de Français. Nazir-Jung abandonna le siège de Pondichéry, mais revint bientôt après avec cent mille hommes. Quatre mille Français et Indiens assaillirent cette masse.

Une partie de l'armée ennemie fit défection au milieu de la bataille et le vice-roi Nazir-Jung fut abattu d'un coup de carabine, du haut de l'éléphant qu'il montait.

Le prince que Dupleix avait opposé à Nazir-Jung fut proclamé vice-roi, entra en triomphe dans Pondichéry, porté dans le même palanquin que Dupleix, et proclama celui-ci nabab (prince) du Carnatic et de plusieurs autres grandes provinces (1750).

LA FRANCE DES LUMIÈRES

LES SALONS

Les idées nouvelles se répandirent par les salons où à jour fixe, chez quelques femmes d'élite, les écrivains, les gens du monde se trouvaient réunis, et où l'on avait l'équivalent de nos conférences. C'est dans les salons que se forma une puissance nouvelle, qui n'existait pas au dix-septième siècle, l'opinion publique.

Les salons philosophiques les plus importants furent ceux de Mme Geoffrin, de Mme du Deffand, et de Melle de Lespinasse.

Mme Geoffrin était une riche bourgeoise ; elle donnait deux dîners par semaine, le lundi pour les artistes et le mercredi pour les hommes de lettres : on y voyait Diderot, d'Alembert, Marmontel, d'Holbach. C'était le salon des Encyclopédistes. Mme Geoffrin était une femme sensée et hospitalière ; on l'appelait « la bonne Mme Geoffrin ». Elle

*Ci-dessous :
Mozart, l'enfant
prodige, jouant
du piano chez le
prince de Conti.*

présidait aux réunions avec dignité et aussi avec une sage prudence, arrêtant les conversations trop libres et trop audacieuses.

Le salon rival de Mme du Deffand était plus aristocratique, on y recevait avec les écrivains quelques grands seigneurs. Mme du Deffand était une femme d'esprit ; devenue aveugle à l'âge de quarante ans, elle cherchait à se distraire dans la société des hommes de talent. On l'appelait « la femme Voltaire » à cause de son esprit, ou encore « l'aveugle clairvoyante ». Tout en aimant la compagnie des philosophes elle les jugeait avec beaucoup de sévérité : elle disait du livre de Montesquieu, l'*Esprit des lois* : « *C'est de l'esprit sur les lois* ».

Melle de Lespinasse était une jeune fille pauvre, d'abord lectrice de Mme du Deffand. Comme sa maîtresse était devenue jalouse d'elle, elle dut la quitter et ouvrit un nouveau salon qui fut bientôt très fréquenté et devint comme l'antichambre de l'Académie. Chaque jour, de cinq heures à neuf

Ci-dessus à gauche : Montesquieu.

*Ci-contre :
Marie-Antoinette
jouant de la
harpe à Versailles
en 1774.*

A gauche :
Voltaire.

heures du soir, elle recevait les écrivains célèbres et les laissait causer librement.

Les philosophes trouvèrent aussi chez de riches financiers, asiles et protection. Mme d'Epinay, femme d'un fermier général, amie de Grimm, de Diderot, de Voltaire, logea Jean-Jacques Rousseau dans une de ses maisons de campagne, l'Ermitage. Les Encyclopédistes fréquentaient les salons de deux financiers écrivains, le baron allemand d'Holbach surnommé « le maître d'hôtel de la Philosophie », et Helvétius dont les livres firent scandale et furent condamnés. C'est dans le salon de Mme Necker, la femme du célèbre banquier genevois, qu'en 1770 on ouvrit une souscription pour élever une statue à Voltaire vivant.

L'ENCYCLOPÉDIE

Les philosophes et les économistes eurent une influence énorme, non pas sans doute sur le peuple, trop ignorant et généralement illettré, mais sur les classes instruites, en particulier sur la bourgeoisie.

Pour répandre les idées nouvelles, comme il n'y avait pas encore de grands journaux politiques, ils se servirent du théâtre, des livres et des brochures anonymes, dont le succès était d'autant plus grand que le Parlement les poursuivait ou que la police les saisissait. Voltaire surtout excella à ce jeu : en sûreté à Ferney, il lança une multitude de libelles satiriques, tantôt signés de noms connus, tantôt signés de noms imaginaires, tous dirigés contre le despotisme ou contre l'Eglise.

A la même époque, la publication de l'Encyclopédie servait puissamment la propagande des philosophes et des économistes. L'Encyclopédie fut, d'après les termes mêmes du prospectus

Ci-dessous :
Jean-Jacques
Rousseau.

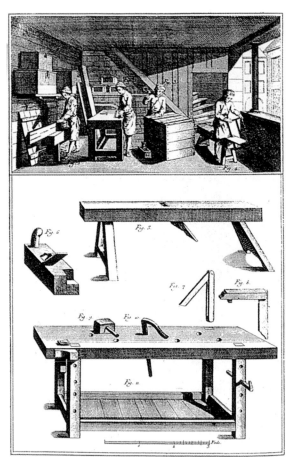

Ci-dessus :
Voltaire.

A gauche :
Planche tirée de
l'Encyclopédie de
Diderot et de
d'Alembert.

qui l'annonçait, « *un tableau général des efforts de l'esprit humain dans tous les genres et dans tous les siècles* », un dictionnaire universel, où l'on trouvait des renseignements sur la fabrication du fard, aussi bien que des études sur les organisations

A droite :
Denis Diderot.

politiques, les religions, etc. La publication fut entreprise par Diderot, aidé de d'Alembert, un mathématicien ; ils eurent pour collaborateurs à peu près tous les écrivains, les savants connus et les hommes les plus compétents en toutes matières. Voltaire, Montesquieu, Turgot, leur donnèrent des articles. L'Encyclopédie fut interdite à deux reprises, et pendant huit ans Diderot ne put rien publier. Commencée en 1751, la publication était achevée en 1772 : elle comprenait vingt-huit volumes. Les idées qui avaient présidé à sa composition et qu'elle vulgarisa pouvaient ainsi se résumer : les encyclopédistes voulaient la liberté individuelle, la liberté de penser, d'écrire et d'imprimer ; la liberté commerciale et industrielle ; ils voulaient la guerre aux idées religieuses, considérées comme un obstacle à la liberté.

LES PROGRÈS DE LA SCIENCE

Les sciences préparent leur avènement et leur empire en commençant, pour le monde physique, cet immense travail d'investigation que les lettres avaient entrepris pour le monde moral. Les grandes découvertes et les grands hommes, sauf Buffon, n'appartiennent pas au siècle de Louis XV. Il eut cependant Réaumur, qui construisit le thermomètre de son nom ; Clairaut et d'Alembert, membres de l'Académie des Sciences, l'un à dix-huit ans, l'autre à vingt-quatre, qui développèrent l'analyse mathématique ; les botanistes Adanson et Bernard de Jussieu ; La Caille, qui alla en 1750 au cap de Bonne-Espérance dresser la carte du ciel austral ; Bouguer et La Condamine, qui se rendirent en 1736 sous l'équateur, tandis que Clairaut et Maupertuis allaient au pôle nord, pour déterminer la mesure d'un degré et la figure de la Terre. Le Piémontais Lagrange, né de parents français, était alors retenu à Berlin par les

Ci-dessous :
Louis XVI
et La Pérouse, le
29 juin 1785.

A droite :
Antoine
Lavoisier.

bienfaits de Frédéric II, et Lavoisier n'était pas
maître encore des idées qui allaient renouveler
la chimie.

Mais, à mesure que le siècle avance, les sciences
se développent ; elles commencent même à
prendre le caractère qu'elles auront surtout au
siècle suivant : elles tendent à l'application et
cherchent à devenir populaires. Lavoisier décom-
posait l'eau, et par ce seul fait transformait la chimie
et avec elle l'industrie moderne (*Théorie de la
calcination des métaux*, 1775) ; il introduisait la
balance dans les laboratoires, ce qui lui permettait
de démontrer aux savants étonnés que les corps
augmentent de poids en brûlant et de confirmer le
vieux principe de Lucrèce, devenu un des fonde-
ments de la science moderne, que dans la nature
rien ne se crée et rien ne se perd ; enfin il créait
(1787) la nomenclature chimique, c'est-à-dire une
langue précise comme l'algèbre, pouvant exprimer
la composition de tous les corps et être
comprise des savants de tous les pays. Les

LES PROGRÈS DE LA SCIENCE

Français Berthollet et Guyton de Morveau l'aidèrent à établir cette nomenclature.

L'année même où se réunissaient les états généraux, Laurent de Jussieu, précisant les idées de son oncle Bernard, proclamait, pour la classification botanique, le principe de la subordination des caractères, qui, généralisé par Cuvier, a renouvelé les sciences naturelles. Son livre, *Genera plantarum secundum ordines naturales disposita*, marque dans les sciences d'observation, une époque peut-être aussi importante que la chimie de Lavoisier dans les sciences d'expérience. Lagrange, attiré à Paris par les offres de Louis XVI après la mort de Frédéric II,

A gauche :
Le goût pour l'étude de Marie-Antoinette de Lorraine-Habsbourg devant son globe terrestre et son livre grand ouvert.

A droite :
Globe terrestre et
céleste ayant servi
à l'éducation du
Dauphin, fils de
Louis XVI.

commença en 1787 la publication de la *Mécanique analytique*. Laplace ne donna qu'en 1796 son *Exposition du système du monde*.

En 1778, érection d'une chaire de minéralogie pour une autre science dont l'abbé Haüy donnait en ce moment les lois, et fondation de la Société royale de médecine ; en 1780, établissement de l'École vétérinaire d'Alfort, et, en 1788, de l'Ecole des mines ; en 1787, création au sein de

LES PROGRÈS DE LA SCIENCE

l'Académie des sciences des sections d'histoire naturelle, d'agriculture, de minéralogie et de physique : c'était comme l'avènement de ces sciences à la popularité.

Les découvertes. – Sept ans plus tôt, l'anglais Jenner avait découvert la vaccine, par laquelle on peut combattre un fléau qui décimait l'humanité, et l'agriculture s'enrichissait des deux plus grandes conquêtes qu'elle eût faites depuis l'introduction du maïs et du ver à soie : Parmentier augmentait les ressources alimentaires du peuple en popularisant l'usage de la pomme de terre (1779), et Daubenton introduisait en France la race espagnole des moutons mérinos. Deux ans après, le marquis de Jouffroy faisait le premier essai de la navigation à vapeur : tentative qui resta malheureusement alors sans résultats. Galvani, de Bologne, allait constater (1791) les singuliers phénomènes d'électricité auxquels on a donné son nom, et Volta, de Côme, inventer (1794) la pile qui a ouvert à la chimie une carrière nouvelle.

En même temps, de hardis et savants navigateurs, les Anglais Wallis et Cook, les Français Bougainville et La Pérouse, complétant l'œuvre de Christophe Colomb et de Vasco de Gama, achevaient la reconnaissance du globe, ouvraient des voies sûres au commerce. Ainsi les sciences proprement dites tournaient à l'utile, à l'application, comme les sciences morales tendaient aux réformes politiques. Cet accord involontaire annonçait l'approche des temps nouveaux.

Découverte des aérostats (1783). – L'ardeur de connaître et de se frayer une route nouvelle était si grande, qu'il semblait que l'horizon des sciences humaines n'avait plus de bornes. Si Franklin avait « arraché la foudre au ciel, » les frères Joseph et Etienne Montgolfier lançaient dans les airs les premiers aérostats. Le 5 juin 1782, ils firent leur

première expérience publique à Annonay : un ballon, gonflé d'air raréfié, s'éleva à une hauteur qu'on évalua à deux mille mètres. En septembre 1783, l'expérience fut renouvelée d'une manière solennelle à Versailles, devant le roi et toute la cour, avec le plus grand succès. Quelques semaines après (novembre 1783), Pilâtre de Rozier exécuta la première ascension dans une montgolfière. Ainsi l'homme, déjà maître de la Terre et de l'Océan, voulait prendre aussi possession de l'air, de cet air que Lavoisier venait récemment de décomposer, par l'oxydation du mercure, en des gaz distincts. En 1785, Blanchard fit en ballon la traversée de la Manche de Douvres à Calais ; mais Pilâtre de Rozier et Romain, qui voulurent faire la même traversée, avec un nouveau système, furent précipités sur les rochers de la côte.

Ci-dessous :
L'invention de la
pile électrique par
le physicien
Alessandro Volta.

L'AFFAIRE DU COLLLIER

Avec l'explosion des sciences et des découvertes qui attestaient la force de la raison, l'opinion devenait la reine du monde, et les puissances les plus respectées devaient maintenant compter avec elle. Jadis la cour donnait le ton et la mesure à la société française. A présent ce n'était pas Louis XVI qui pouvait continuer la tradition de Louis XIV, et la belle, la gracieuse Marie-Antoinette, devenue reine de France à dix-neuf ans, s'était fait de nombreux ennemis, à la cour par ses amitiés trop exclusives, dans le public par un dédain trop grand des règles de l'étiquette et des convenances royales. Elle délaissait Versailles pour Trianon, et croyait qu'une reine de France pouvait alors vivre pour elle-même.

C'étaient les habitudes de la maison de Habsbourg, mais ce n'étaient pas celles de la maison de Bourbon.

Un événement montra, dès l'année 1785, les dispositions du peuple à son égard. Ambassadeur à Vienne, le cardinal de Rohan était alors le scandale de l'Eglise. Son parent, le prince de Rohan-Guéméné, ayant fait une banqueroute de 30 millions qui ruina une foule de gens, le cardinal en était tout fier : « *Il n'y a, disait-il, qu'un souverain ou un Rohan qui puisse faire une pareille banqueroute.* » Méprisé du roi, surtout de la reine, il était en complète disgrâce. Une intrigante, la comtesse de La Motte, lui fit croire qu'elle était la confidente de Marie-Antoinette et que cette princesse était disposée à lui rendre sa faveur ; elle

A droite :
La comtesse de
La Motte.

JEANNE DE St REMI DE VALLOIS COMTESSE DE LA MOTTE

L'AFFAIRE DU COLLLIER

appuyait ses insinuations par de fausses lettres où l'écriture de la reine était imitée à s'y méprendre. Elle alla jusqu'à lui promettre une entrevue, le soir, dans les jardins de Versailles, avec sa souveraine. Une fille qui ressemblait beaucoup à la reine joua le rôle que la comtesse lui avait appris, et le cardinal crut que rien ne serait plus refusé à son ambition. Or, quelque temps auparavant, deux joailliers avaient proposé à Marie-Antoinette un collier d'une valeur de 1 600 000 livres, qu'elle avait refusé, en ajoutant, avec le roi, que deux vaisseaux de guerre étaient plus utiles à la France qu'un joyau. La comtesse persuada le cardinal que la reine avait grande envie du collier et qu'elle le chargeait de l'acheter secrètement pour elle. Il alla trouver les joailliers, leur montra les lettres et reçut d'eux le bijou, dont la comtesse fit aussitôt son profit. A quelque temps de là, les marchands, inquiets de n'être pas payés, écrivirent à la reine. Aussitôt tout se découvre. Le cardinal, arrêté à Versailles même, dans ses habits pontificaux, est envoyé à la Bastille, et le Parlement, saisi de l'affaire, rend un arrêt qui le délivre, comme simple dupe, en condamnant la comtesse à la marque et à la réclusion. L'affaire du collier fit grand bruit, et, quoique la reine y fût complètement étrangère, sa réputation souffrit d'avoir été mêlée à ce scandale.

Ci-dessus :
Mlle d'Oliva, qui se fit passer pour la Reine auprès du cardinal de Rohan.

LOUIS XVI

Louis XVI à son avènement avait vingt ans. Sa femme Marie-Antoinette en avait dix-neuf. Louis XVI était en effet tout à fait ignorant du gouvernement, et on ne s'était pas occupé de lui apprendre son métier de roi. C'était un gros garçon, lourd, robuste, ayant un fort appétit, passionné pour les exercices physiques, la chasse ou le travail du serrurier ou du forgeron.

Il était honnête et bon mais il était de caractère faible : sa femme le qualifiait elle-même de

A droite :
Louis XVI.

LOUIS XVI

A gauche :
Marie-Antoinette
et ses trois
enfants : Marie-
Thérèse
Charlotte,
Madame Royale -
Le Dauphin
Louis - Le futur
Louis XVIII.

« pauvre homme ». Il était peu intelligent et timide parce que, au témoignage d'un de ses ministres, Malesherbes, il avait le sentiment de son insuffisance et de la grandeur de sa responsabilité. Il s'effrayait à la pensée que « chacune de ses actions influait sur le sort de vingt-cinq millions d'hommes ». Par suite il se décida rarement par lui-même et il subit toute sa vie l'influence des uns et des autres. Au début, ce fut l'influence bienfaisante de Turgot, plus tard ce fut l'influence néfaste de Marie-Antoinette.

A droite :
Le roi
Louis XVI.

LES ESSAIS DE RÉFORME

Louis XVI remit au peuple le don de joyeux avènement, diminua quelques impôts et rappela le parlement. Il fit entrer au ministère deux hommes capables, Malesherbes et Turgot; mais le ministre en faveur était le vieux et frivole Maurepas.

Malesherbes, ami des philosophes, avait, dès l'année 1771, demandé la convocation des états généraux. Il voulut rendre aux accusés la faculté d'être défendus, aux protestants la liberté de

A gauche : Chrétien de Malesherbes (1721-1794).

conscience, aux écrivains la liberté de la presse, à tous les Français la sûreté de leur personne. Il proposa l'abolition de la torture, le rétablissement de l'édit de Nantes, la suppression des lettres de cachet et celle de la censure. Il ne put malheureusement réaliser toutes ses idées et se retira bientôt devant les résistances qu'il rencontrait.

Turgot voulait proclamer la liberté du commerce et de l'industrie, et habituer la France à la liberté politique.

D'abord il supprima les *jurandes* et les *maîtrises* qui gênaient le travail des ouvriers, et ne permettaient qu'à un petit nombre de devenir patrons.

Vive le Roi , Vive la Nation.

A droite :
« Vive le roi, vive la nation. J'savois bon que j'aurions not tour. »
Gravure anonyme.

LES ESSAIS DE RÉFORME

A gauche :
Turgot (1727-1781).

Dans le préambule de l'édit par lequel les corporations étaient abolies, il disait : *« Dieu, en donnant à l'homme des besoins, en lui rendant nécessaire la ressource du travail, a fait du droit de travailler la propriété de tout homme, et cette propriété est la première, la plus sacrée et la plus imprescriptible de toutes. »*

La liberté du commerce des grains lui paraissait le meilleur moyen de prévenir les disettes.

Il abolit la corvée, qui pesait surtout sur les paysans, supprima les *réquisitions pour les convois militaires*, améliora la navigation intérieure, substitua à des voitures lourdes et dispendieuses

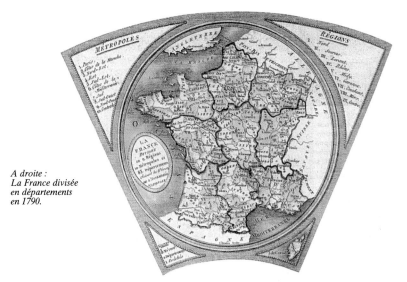

A droite :
La France divisée
en départements
en 1790.

des voitures commodes et d'un prix moins élevé, les *turgotines*.

Il abaissa l'intérêt de l'argent, convaincu « *que la baisse de l'intérêt c'est la mer qui se retire laissant à sec des plages que le travail de l'homme peut féconder.* »

Ensuite Turgot, sur le modèle des Etats provinciaux, imagina un vaste système d'assemblées provinciales dans lesquelles on ne tiendrait pas compte de la distinction des trois Ordres.

Mais il se brisa contre les résistances que devait vaincre plus tard le mouvement de 1789. La noblesse et le clergé réclamèrent pour leurs privilèges. Le peuple même, accoutumé à être trompé, et qui souffrait toujours de la disette, se laissa exciter contre le ministre patriote. *Encore des mangeries !* disaient les laboureurs en entendant parler des nouvelles assemblées. Louis XVI qui

LES ESSAIS DE RÉFORME

A gauche :
Necker.

avait pourtant dit : « *Il n'y a que Turgot et moi qui aimions le peuple* », céda aux clameurs des privilégiés, et renvoya Turgot le seul homme qui eût pu le conduire en des temps si difficiles.

Necker. – La guerre d'Amérique, entreprise pour la liberté d'un peuple, avait, en France, excité les désirs de liberté ; de plus elle avait coûté cher et accru le déficit. On n'avait pu suffire à tant de dépenses que grâce à l'habileté d'un banquier genevois, Necker, chargé des finances (1776-1781). Necker cependant ne pouvait rétablir l'équilibre entre les recettes et les dépenses sans remédier aux abus, sans demander des réformes politiques. Il voulut porter la lumière dans l'administration des Finances en publiant le budget, il fut disgracié (1781). Sa retraite mécontenta l'opinion déjà toute puissante.

La convocation des états généraux (1788). – Une assemblée des notables n'eut pas assez de patriotisme pour adopter une réforme hardie et sacrifier les privilèges de la noblesse (1787). Calonne céda la place à Loménie de Brienne, archevêque de Toulouse, qui se montra encore moins capable de remédier au mal, se rendit bientôt impopulaire et fut lui-même obligé de proposer au roi la convocation des états généraux (1788). Necker fut rappelé pour préparer leur réunion.

Depuis 175 ans que les états n'avaient pas été assemblés, le peuple avait grandi en instruction. Aussi fut-on obligé de lui accorder un nombre double de représentants. Les élections, faites au commencement de l'année 1789, firent comprendre que la nation était déterminée à soutenir ses députés. La Révolution commençait, et, avec elle, un nouvel âge de la France et du monde.

Ci-dessous :
Le rappel de
Necker, le 25 août
1788.

L'OUVERTURE DES ÉTATS GÉNÉRAU

Au moment où allaient se réunir les états généraux, Louis XVI était retombé sous l'influence de
Marie-Antoinette et du comte d'Artois. Quand le
3 mai on lui présenta les députés du Tiers, il ne
trouva pas un mot à leur adresser.

Le mardi 5 mai 1789, dans la grande salle de
l'hôtel des Menus, il procéda solennellement à
l'ouverture des états. Dans un discours bref et
qu'il prononça d'une voix dure et brusque, il
annonça que les états étaient réunis pour rétablir
l'ordre dans les Finances. Il ajouta qu'il connais-
sait son autorité et qu'il la maintiendrait ; il
engagea les députés à se défendre du goût des
nouveautés. Il ne dit pas un mot de ce qui était le

*Ci-dessous :
L'ouverture des
états généraux
(5 mai 1789).*

souci de tous, la rédaction de la Constitution. Par ordre, Necker n'en parla pas davantage et se borna pendant trois heures à exposer la question financière. Ce fut une immense déception parmi les députés, le commencement de la rupture entre le Tiers et le roi. D'autre part la cour affectait des airs impertinents avec les députés du Tiers, qui se répétaient des mots comme celui-ci, attribué à tort au duc de Liancourt, grand-maître de la garde robe : « *Allons voir quelle figure font ces animaux dont nous allons être si longtemps infestés.* » Ce fut le commencement de la rupture entre le Tiers et la Noblesse. « *Voilà la bataille engagée*, écrivait le soir même un député. *Tout annonce que les états seront orageux, soit du Tiers aux deux ordres, soit avec la cour.* »

*Ci-dessous
à droite :
Plan de Versailles
en 1789.*

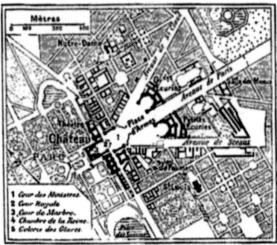

1 Cour des Ministres
2 Cour Royale
3 Cour de Marbre
4 Chambre de la Reine
5 Galerie des Glaces

L'ASSEMBLÉE NATIONALE

*Ci-contre :
Le Comte de
Mirabeau.*

Le conflit entre les ordres commença dès le lendemain, 6 mai, à propos de la vérification des pouvoirs, c'est-à-dire à propos de l'examen des conditions dans lesquelles chaque député avait été élu. Les députés du Tiers proposèrent que la vérification se fît en commun, et invitèrent les députés de la Noblesse et du Clergé qui siégeaient en des salles séparées, à venir les joindre dans la grande salle des Menus. Les députés de la Noblesse, à la majorité, déclinèrent l'invitation ; ceux du Clergé ne firent pas de réponse nette et s'offrirent comme conciliateurs.

L'adoption ou le rejet de la vérification en commun avait une grande importance. La vérifi-

Ci-dessous :
L'abbé Sieyès
(1748-1836).

cation en commun entraînait en effet, l'abandon du système des classes, le vote par tête et non par ordre, par suite la prépondérance du Tiers dans les débats, puisqu'il avait à lui seul autant de députés que les deux autres ordres réunis. Ce ne fut cependant pas la crainte de la prépondérance du Tiers qui dicta le refus de la Noblesse, ses cahiers même lui imposaient la délibération en commun et le vote par tête dans toutes les affaires graves et spécialement en matière de finances. Mais elle se refusa à la vérification des pouvoirs en commun par vanité.

Une commission de conciliation travailla vainement pendant plus d'un mois. A partir du 10 juin, le Tiers, estimant que les affaires de l'Etat ne pouvaient demeurer plus longtemps en souffrance et qu'il était temps de travailler, procéda seul aux vérifications. Quelques députés du Clergé vinrent se joindre à lui. Le mercredi 17 juin, sur la proposition de l'abbé Sieyès, les députés du Tiers, considérant qu'ils représentaient les quatre-vingt-seize centièmes de la nation, se déclarèrent constitués en *Assemblée Nationale*.

Faisant aussitôt acte d'autorité, l'Assemblée déclara qu'elle autorisait la perception provisoire des impôts existants jusqu'à sa séparation. Toute perception ultérieure était à l'avance interdite à défaut d'un vote exprès de l'Assemblée. Le premier acte révolutionnaire était accompli ; c'était le premier échec à la toute-puissance royale. Cette toute-puissance était désormais abolie en un point essentiel, les Finances, où plus rien ne pourrait être fait à l'avenir sans le consentement de la Nation.

LE SERMENT DU JEU DE PAUME

A ce qu'il considérait comme un attentat sur ses droits, Louis XVI, poussé par la cour et contre l'avis de Necker, décida de riposter par un coup d'autorité. Trois jours après la constitution de l'Assemblée Nationale, le samedi 20 juin, les députés trouvèrent la salle des Menus gardée par la troupe et fermée sous prétexte d'aménagements nécessités par une prochaine séance royale. Les députés se réunirent aussitôt dans une salle de jeu de paume, proche du palais. Là, sous la présidence de Bailly, ils prêtèrent le serment solennel *« de ne jamais se séparer et de se rassembler partout où les circonstances l'exigeraient, jusqu'à ce*

Ci-contre :
Le marquis de Dreux-Brézé et Mirabeau à l'Assemblée Nationale, *par Joseph-Désiré Court, Musée des Beaux-Arts, Rouen.*

Ci-dessous à gauche :
Feuille d'étude préparation pour le « Serment du Jeu de Paume ». *Esquisse peinte par Jacques Louis David, Musée de Versailles.*

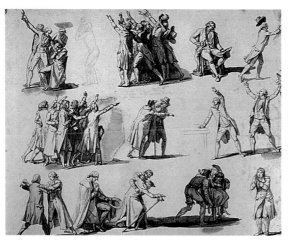

que la constitution du royaume fût établie ». Le surlendemain la majorité des députés du Clergé vint siéger à l'Assemblée Nationale.

Le mardi 23, à la séance royale, Louis XVI annonça d'une voix altérée qu'il annulait les décisions prises par les députés le 17 et leur ordonna de se retirer aussitôt la séance terminée : ils devraient, à partir du lendemain, siéger en trois chambres distinctes.

Le roi pensait intimider : il ne fit qu'irriter : *« Jamais le despotisme ne s'expliqua en termes plus audacieux,* disait un député *; jamais esclaves ne s'entendirent donner des ordres plus impérieux. »*

LE SERMENT DU JEU DE PAUME

Le roi parti, les députés du Tiers et une partie des députés du Clergé demeurèrent à leur place. Le grand maître des cérémonies, le marquis de Dreux-Brézé, s'approcha : « *Vous avez entendu, Messieurs, l'ordre du roi* », dit-il en s'adressant à Bailly, président de l'Assemblée. « *Il me semble que la Nation assemblée ne peut pas recevoir d'ordres* », répondit Bailly. Un noble, que son ordre avait repoussé et que le Tiers d'Aix avait élu député, le comte de Mirabeau, intervenant à son tour : « *Allez dire à votre maître que nous sommes ici par la volonté du peuple et qu'on ne*

Ci-contre :
Le Serment du
Jeu de Paume.

nous en arrachera que par la force des baïonnettes. »
Quelques instants après, sur la proposition du même Mirabeau, l'Assemblée proclamait ses membres inviolables et déclarait, *« infâme et traître à la Nation »* quiconque, pendant ou après la session, essaierait d'agir contre les députés.

Le roi n'essaya pas d'agir. C'est que le peuple de Versailles, sitôt le détail de la séance connu, avait envahi les cours du Palais et que la garde, les gardes-françaises en particulier, n'avait rien fait pour l'arrêter. Quelques soldats disaient même tout haut : *« Vive le Tiers ! Nous sommes la troupe de la Nation ! »* On ne pouvait donc compter sur eux. Aussi quand on rapporta à Louis XVI le refus des députés de se retirer. *« Eh bien !* répondit-il, *s'ils ne veulent pas s'en aller, qu'ils restent ! »*

LA CONSTITUANTE

Quatre jours plus tard, le samedi 27 juin, les députés de la Noblesse et les dissidents du Clergé venaient, sur l'expresse invitation du roi, se joindre à l'Assemblée Nationale. Dès lors, la révolution politique était accomplie. Le roi lui-même reconnaissait l'existence d'un second pouvoir, l'Assemblée, représentant le peuple : il n'y avait plus en France de monarchie absolue.

Il restait à régler l'organisation de la monarchie nouvelle. Le 8 juillet, l'Assemblée se mettant à l'œuvre, nommait un Comité de Constitution chargé de préparer la loi future. Le 9, elle prenait le nom d'Assemblée constituante.

LA PRISE DE LA BASTILLE

Le mardi 14, dans la matinée, des Parisiens armés d'épées, de pistolets et de marteaux découvrirent, à l'Hôtel des Invalides, 28 000 fusils qu'ils enlevèrent ainsi que des canons. Un second groupe de Parisiens se porta à l'autre extrémité de Paris sur la Bastille où il pensait se faire également remettre des armes. Il aperçut les canons de la vieille citadelle braqués sur la ville. Vers midi, la fusillade fut ouverte de la Bastille sur la foule qui aussitôt se rua à l'attaque. Au bout de quatre heures d'un combat où les assaillants eurent environ deux cents hommes tués ou blessés, la faible garnison de la Bastille près d'être forcée capitula.

La capitulation de la Bastille fut aussitôt suivie de la capitulation du roi. Elle fut complète. Le 15, il venait lui-même annoncer la dislocation des troupes, aux députés qui siégeaient en permanence depuis le 13, dormant la nuit sur leurs bancs ou sur le plancher. Le 16, il rappelait Necker. Le 17, il se rendait à Paris à l'Hôtel de Ville : il sanctionnait

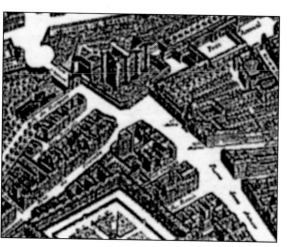

par sa présence les faits accomplis. Reçu par Bailly, chef de la municipalité révolutionnaire, il recevait des mains de La Fayette, commandant en chef de la Garde nationale, une cocarde nouvelle, bleue, blanche et rouge, faite des couleurs de Paris et du Roi, symbole de la France transformée.

CONSÉQUENCE DES 13 ET 14 JUILLET

Les événements des 13 et 14 juillet eurent les plus importantes conséquences. D'abord ils firent surgir à côté des deux pouvoirs légaux, le Roi et l'Assemblée, une troisième puissance, le peuple de Paris. Le peuple, armé pour sauver

Prise de la Bastille le 14 juillet 1789.

LA PRISE DE LA BASTILLE

l'Assemblée, demeura armé après la victoire, et ce fut là le fait capital : Paris put ainsi quelques mois plus tard dominer le Roi et l'Assemblée.

D'autre part la chute de la Bastille ébranla la France entière : ce fut comme le signe visible de l'effondrement du régime absolu. Aussitôt nombre de villes imitèrent Paris, organisèrent des comités permanents, des municipalités qui substituèrent leur autorité à celle des intendants ou de leurs sub-délégués, organisèrent des gardes nationales, et ressuscitèrent le gouvernement communal du Moyen Age.

En même temps une terreur panique dont les origines sont encore mystérieuses, « *la Grande Peur* » entre le 20 juillet et le 1er août, secoua la plus grande partie du pays, les campagnes et les villes. La nouvelle volait de villes à villages, de bourgs à hameaux que les «Brigands» – quatre mille Brigands, disait-on à Soissons – accouraient saccageant tout sur leur passage. Paysans et bourgeois s'armèrent en hâte. La peur passée, ils restèrent en armes comme le peuple de Paris. Les paysans en profitèrent pour se jeter sur les châteaux, sans haine contre les propriétaires, uniquement pour se faire livrer et pour brûler les documents qui établissaient les droits des seigneurs aux redevances féodales. Il y eut alors une jacquerie : les paysans brûlaient les châteaux, persuadés sur beaucoup de points qu'ils travaillaient ainsi pour le bien du roi. Tout cela se produisit en quelques jours, dans la dernière semaine de juillet.

Ci-dessous :
La démolition de la Bastille *par Hubert Robert, Musée Carnavalet, Paris.*

LA PRISE DE LA BASTILLE

Ci-contre :
Démolition
de la Bastille
le 17 juillet 1789.

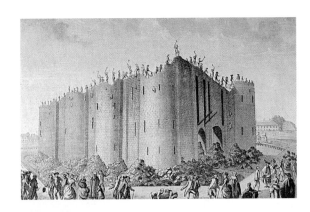

L'ABOLITION DES PRIVILÈGES

Le 14 juillet avait été le commencement d'une révolution politique ; il en sortit une sorte de révolution sociale. Accablés par des siècles d'oppression, les paysans laissèrent éclater en violence leurs rancunes contre les nobles ; ils pillèrent et détruisirent les châteaux.

Pour mettre un terme à ces désordres, l'Assemblée nationale résolut de supprimer les privilèges.

Dans la séance connue sous le nom de nuit du 4 août, elle en décréta d'enthousiasme la complète abolition.

Cette nuit eut une grande importance. Elle sup-

Ci-dessus :
Minerve écrivant les Droits de l'Homme, *1790, par Jean-Baptiste Regnault. Musée Lambinet, Versailles.*

prima le régime féodal et rendit tous les Français égaux.

La Déclaration des droits de l'homme et du citoyen. – Les 20, 21, 24 et 27 août l'Assemblée arrêta les termes de la Déclaration des droits de l'homme et du citoyen, qui, en 17 articles, proclame les principes de liberté, de justice et d'égalité, sur lesquels seront établis la société et le gouvernement.

Le premier de ces principes est la souveraineté du peuple. Les autres se résument ainsi :

L'ABOLITION DES PRIVILÈGES

L'égalité civile : tous les Français de l'âge de vingt-cinq ans, sans distinction de naissance et de religion, jouissaient des droits de citoyens. Le mariage, jusqu'alors purement religieux, devint un contrat passé devant l'autorité civile. On créa des officiers publics pour tenir les registres de naissance, de décès, de mariage, c'est-à-dire les registres de l'état civil, qui, autrefois, n'existaient qu'à la paroisse et se trouvaient par là fermés aux protestants. Le mérite seul était exigé pour l'admissibilité aux emplois publics.

L'égalité devant la justice : tous, nobles ou roturiers, catholiques ou protestants, devaient plaider devant les mêmes tribunaux, et la haute naissance n'assurait plus l'impunité.

L'égalité devant l'impôt : la noblesse n'exemptait plus des charges communes et tout le monde devait payer tous les impôts suivant sa fortune.

L'égalité dans les successions : l'Assemblée abolit le droit d'aînesse, qui, en laissant à l'aîné des familles nobles la plus grande partie des biens, maintenait les vastes domaines des seigneurs. Elle décréta l'égalité des partages entre les héritiers du même degré et favorisa ainsi la division des propriétés. Le sol, distribué entre un plus grand nombre de propriétaires, a acquis depuis cette époque beaucoup plus de valeur, parce que chacun travailla à faire produire à sa portion tout ce qu'elle pouvait produire.

Puis, à côté de l'égalité, l'Assemblée décréta la liberté.

La liberté des cultes.

La liberté de la presse.

La liberté du travail.

La liberté et la propriété de chaque citoyen étaient placées sous la protection de la loi.

Ci-contre : La Déclaration des droits de l'homme et du citoyen. *Paris, Musée Carnavalet.*

Citoyen portant la Déclaration des droits de l'homme Jurais me marche bien faire cinque.

LA FÊTE DE LA FÉDÉRATION

Les gardes nationales du Dauphiné s'étaient réunies en *amitiés*, en *fédérations*, pour la défense de la Révolution. Elles furent imitées par les autres provinces. L'Assemblée décida de convoquer à Paris les délégués de toutes ces fédérations.

Cinquante mille fédérés se rassemblèrent au Champ-de-Mars, le 14 juillet 1790, anniversaire de la prise de la Bastille, pour célébrer avec les Parisiens la fête de la Fraternité.

Le vaste emplacement du Champ-de-Mars était entouré de gradins de gazon, occupés par quatre

A gauche :
Louis XVI jurant
fidélité à la
Constitution, par
Nicolas-Guy
Brenet. Musée des
Beaux-Arts,
Quimper.

Ci-dessous :
Officier de la
garde nationale
prêtant serment à
la Constitution.

*A droite :
Serment de La
Fayette à la Fête
de la Fédération
au Champ-de-
Mars, le 14 juillet
1790.*

cent mille spectateurs. Au milieu s'élevait un autel. Talleyrand, l'évêque constitutionnel d'Autun, monta sur l'autel en habits pontificaux ; quatre cents prêtres, revêtus d'aubes blanches et décorés de ceintures tricolores flottantes, se portèrent aux quatre coins de l'autel. La messe fut célébrée au bruit des instruments militaires ; l'évêque bénit ensuite les quatre-vingt-trois bannières des fédérés. La Fayette s'avança le premier, et il prêta le serment civique en son nom, au nom des troupes et des fédérés. Le président de l'Assemblée nationale prêta le même serment et tous les députés le répétèrent à la fois. Alors Louis XVI se leva et dit : « *Moi, roi des Français, je jure d'employer tout le pouvoir qui m'est délégué par l'acte constitutionnel de l'Etat à maintenir la constitution décrétée par l'Assemblée nationale et acceptée par moi.* » La reine, entraînée, leva le dauphin dans ses bras et le montrant au peuple : « *Voilà mon fils ! Il se réunit ainsi que moi dans les mêmes sentiments.* »

Au même instant, les bannières s'abaissèrent et les fédérés acclamèrent la famille royale.

LE BRÛLANT ÉTÉ DE 1792

LE MANIFESTE DE BRUNSWICK

Le 28 juillet, on connut à Paris le manifeste qu'avait publié quelques jours plus tôt, au moment de franchir la frontière, le duc de Brunswick, généralissime des armées prussienne et autrichienne. Dans ce document, rédigé par un émigré, il était dit que tout garde national pris les armes à la main, tout habitant *« qui oserait se défendre »* contre les envahisseurs, serait puni *« comme rebelle au roi »*. Au cas où le roi serait outragé de nouveau aux Tuileries, Paris serait livré *« à une exécution militaire et à une sub ersion totale »*. Ce texte aussitôt connu était commenté

Ci-dessous :
Le départ de la Garde Nationale pour l'armée, 1792, *par Léon Cogniet. Musée de Versailles.*

Ci-dessus :
Les Parisiens aux
Tuileries.

Ci-contre :
Prise du Palais
des Tuileries, le
10 août 1792, *par*
Jean Duplessi-
Bertaux. Musée
de Versailles.

en ces termes par un journal royaliste : « *Le voilà donc publié, ce manifeste que nous attendions avec tant d'impatience ! C'est l'éclair qui précède la foudre. Il est temps que la gendarmerie vienne dire son mot.* »

De pareilles menaces ne pouvaient que soulever Paris et la France entière, dans un élan de colère patriotique, contre l'étranger et contre le roi, évidemment complice.

LE 10 AOÛT

La présence à Paris des délégués venus de tous les départements pour l'anniversaire de la Fédération, donna à l'insurrection un caractère national. Parmi ces fédérés un corps de huit cents Marseillais joua un rôle particulièrement actif. Ils étaient entrés à Paris en chantant l'hymne guerrier que venait de composer pour l'armée, à Strasbourg, un jeune officier du génie, Rouget de l'Isle. Cet hymne qui devait conduire les armées françaises à la victoire et devenir l'hymne national, s'appela dès lors la *Marseillaise*.

LE BRÛLANT ÉTÉ DE 1792

L'insurrection fut préparée à l'Hôtel de Ville par les chefs de la municipalité – on disait alors la Commune. Dès le 3 août, le maire Piéton venait au nom de Paris demander à l'Assemblée la déchéance du roi. L'Assemblée hésita parce qu'elle restait, malgré tout, en majorité monarchiste.

Alors dans la nuit du jeudi 9 au vendredi

A gauche :
Rouget de Lisle chantant la Marseillaise, 1849.
Musée Historique, Strasbourg.

10 août, les délégués des sections – une division administrative particulière à Paris – installèrent à l'Hôtel de Ville une *Commune insurrectionnelle*, véritable gouvernement provisoire dont le personnage le plus actif fut Danton. Cette commune fit arrêter le commandant de la Garde nationale dévoué au roi, et « *suspendit* » la Commune légale. Par son ordre le tocsin sonnait à tous les clochers ; l'armée insurrectionnelle, Marseillais, gardes nationaux des départements et de Paris, ouvriers, se formaient dans les faubourgs Saint-Antoine et Saint-Marceau. A neuf heures du matin l'avant-garde arrivait par la cour du Carrousel au Palais des Tuileries. Vers dix heures, le roi avec la famille royale quittaient le Palais par les jardins et venaient demander asile à l'Assemblée.

Presque aussitôt le combat commençait entre les insurgés et les défenseurs du Palais, 2 500 hommes environ dont 900 gardes suisses. Ce furent ces derniers qui soutinrent tout l'effort

LE BRÛLANT ÉTÉ DE 1792

Ci-contre :
Le départ du garde national, *par Jean-Baptiste Isabey. Musée des Beaux-Arts, Orléans.*

d'une lutte qui dura près de deux heures et qui avait déjà tourné en faveur des insurgés quand un ordre de Louis XVI, enjoignant aux Suisses de cesser le feu, y mit fin. Les Tuileries furent saccagées : mais les insurgés ne laissèrent rien voler. La bataille avait fait 1 200 victimes environ.

LES ENRÔLEMENTS VOLONTAIRES, LES MASSACRES DE SEPTEMBRE (1792)

Cependant, dès le mois de juillet, la patrie avait été déclarée en danger. D'heure en heure le canon

Ci-dessus :
Prise du Palais
des Tuileries,
cour du
Carrousel,
le 10 août 1792,
*par Jean
Duplessi-Bertaux
(1747-1819).*

tonnait en signe d'alarme ; un cortège militaire, portant des bannières avec des inscriptions, parcourut la ville de Paris, s'arrêtant sur les places pour lire le décret de l'Assemblée. Huit amphithéâtres avaient été dressés sur différents points : une planche posée sur des caisses de tambours servait de bureau aux officiers municipaux pour inscrire les noms des citoyens qui demandaient à rejoindre les armées. Les volontaires se faisaient inscrire au milieu des applaudissements. On compta cinq mille enrôlements en deux jours.

Bientôt le péril grandit. Les Prussiens s'emparaient de Longwy, de Verdun. La Champagne était ouverte. Alors les ministres décrètent la formation de plusieurs camps, on convertit les cloches en canons, les fers des grilles en piques ; on arrête en masse toutes les personnes suspectes, c'est-à-dire soupçonnées de rester attachées à la royauté ; les prisons se remplissent de nobles, de prêtres.

Puis des bandes organisées et payées par quelques chefs, sans que les ministres cherchent à s'y opposer, se précipitent dans les prisons et égorgent en foule les prisonniers de tout âge et de tout rang (3, 4, 5 et 6 septembre).

Ci-contre :
*L'enrôlement de
volontaires en
1792.*

LA RÉVOLUTION ET L'EUROPE

La lutte était inévitable entre la France nouvelle et la vieille Europe. Elle commença par la guerre contre l'Autriche et la Prusse (1792).

La guerre prit d'abord l'aspect d'une croisade pour la libération des peuples. Elle ne tarda pas à dégénérer en guerre de conquêtes. Les conquêtes françaises, celle de la Belgique surtout, provoquèrent des coalitions européennes dont l'Angleterre fut l'âme.

Malgré certaines heures critiques, les armées françaises entraînées par un commandement rajeuni, prirent l'avantage. La première coalition (1793), vaincue à Fleurus (1794), se disloqua en 1795. Bonaparte désarma l'Autriche par l'étonnante campagne d'Italie (1796-1797).

Contre l'Angleterre, l'expédition d'Egypte (1798) ne donna pas les résultats espérés. La France réussit encore à vaincre sur le continent une deuxième coalition (1799-1801). Elle dominait l'Europe Occidentale. Mais l'Angleterre

Ci-dessous : Bataille de Valmy, *par Jean-Baptiste Mauzaisse. Musée de Versailles.*

Ci-contre :
Dumouriez.

restait maîtresse des mers. La paix générale, enfin rétablie en 1802, ne devait pas durer un an.

LA FRANCE ENVAHIE

La guerre débuta par des échecs diplomatiques et militaires. Dumouriez, reprenant la politique traditionnelle, espérait obtenir l'alliance de la Prusse contre l'Autriche. Mais le roi de Prusse, Frédéric-Guillaume II, très hostile à la France, était déjà l'allié de l'Autriche. D'autre part, l'armée française était désorganisée : les anciennes

LA RÉVOLUTION ET L'EUROPE

troupes de ligne avaient perdu par l'émigration la plupart de leurs officiers ; quant aux bataillons de volontaires recrutés parmi les gardes nationaux, ils étaient enthousiastes mais sans expérience de la guerre. Aussi l'offensive prise en Flandre échoua-t-elle piteusement.

A leur tour, les Prussiens et les Autrichiens envahirent la France. Une armée prussienne, sous le commandement du duc de Brunswick, entra en Lorraine au mois d'août. Elle bloqua Thionville, fit successivement capituler Longwy (23 août), Verdun (2 septembre) et se dirigea sur Paris.

*Ci-dessus :
Le bombarde-
ment de Lille,
par Louis-Joseph
Watteau. Musée
des Beaux-Arts,
Lille.*

LES OFFENSIVES FRANÇAISES

Après Valmy, les armées françaises prirent partout l'offensive. En quelques semaines elles occupèrent : au sud-est la Savoie et le comté de Nice, possessions du roi de Sardaigne ; au nord-est, les évêchés de la rive gauche du Rhin : Spire, Worms, et l'électorat de Mayence. Au nord, les Autrichiens après avoir vainement assiégé Lille, furent battus par Dumouriez à Jemmapes (novembre 1792) et chassés de toute la Belgique.

LA GRANDE TERREUR

Déclenchée en mars 1793, l'insurrection ven-déenne prend immédiatement l'ampleur d'une véritable guerre. Si les causes en sont multiples, les historiens modernes s'accordent désormais pour minimiser, sans toutefois les rejeter, celles qui étaient traditionnellement avancées, telles la conscription de trois cent mille hommes, l'exécution

ES GUERRES DE VENDÉE (1793-1794)

Ci-dessous :
L'appel des
condamnés par la
Terreur en 1794,
*par Charles
Louis Lucien
Müller. Musée de
Versailles.*

du roi, l'agitation cléricale qui suit l'interdiction faite aux prêtres de célébrer le culte ; toutes raisons présentées d'ailleurs différemment selon que l'analyse penchait ou non pour la Révolution.

Il apparaîtrait en fait que les causes profondes furent à la fois sociologiques et géographiques : l'opposition marquée entre la campagne, réfractaire à une révolution qui, finalement, ne tenait guère ses promesses, et les villes où les changements, sans doute plus sensibles, furent plutôt bien accueillis. D'un autre côté, les atrocités commises de part et d'autre ne pouvant qu'envenimer le conflit en firent l'épisode le plus sanglant de la Révolution.

Révolte paysanne avant tout, les nobles qui ne croyaient pas à son succès, ne la rejoignirent pas tout de suite (nombreux d'ailleurs étaient ceux qui avaient émigré) ; de fait, les paysans durent les appeler à prendre la tête du mouvement. Tel est notamment le cas de Larochejaquelein, représenté

LA GRANDE TERREUR - LES GUERRES DE VENDÉE (1793-1794)

ici, qui ne rejoint le conflit qu'en avril 1793. « *Si j'avance suivez-moi, si je recule tuez-moi, si je meurs vengez-moi* », disait ce jeune chef de vingt ans. Dès lors ce ne sont plus à des bandes plus ou moins organisées qu'a affaire le pouvoir central mais bien à la « grande armée catholique et royale ».

La révolte royaliste n'eut pas seulement lieu en Vendée, mais dans toutes les provinces d'alentour : la Bretagne, l'Anjou, le Maine, la Touraine et une partie de la Normandie. Le pays était favorable à la guerre civile : coupé de haies, sillonné de fossés profonds et morcelé par les forêts, il devait permettre à des insurgés, même très inférieurs en nombre, de résister longtemps.

Les femmes y prirent une part au moins aussi active que les hommes, et elles firent elles-mêmes souvent le coup de feu à côté d'eux.

Chouans et Vendéens déployèrent un courage remarquable, « *qui mériterait l'admiration s'il n'avait pas été employé contre la patrie* ». Ces paysans ignorants et égarés, qui arboraient fièrement la cocarde blanche, mirent souvent en péril les soldats de la République, les *bleus*. Mais ils trahirent en prêtant main forte aux Anglais et aux émigrés, qui essayaient de débarquer à Quiberon pour prendre la France à revers. Hoche, qui fut aussi prudent dans la répression que vigoureux dans l'attaque, finit par lasser leur acharnement et par les soumettre.

LE SAINT D'ANJOU

Elu le 12 juin 1793 commandant suprême des Vendéens, Cathelineau, un simple paysan voiturier de village, symbolise le caractère populaire et religieux de la révolte. Si, en effet, les nobles y participent, ils n'en sont pas les instigateurs.

Ci-dessous :
La mort de Bara,
par Jean-Joseph
Weerts. Musée
d'Orsay, Paris.

LA GRANDE TERREUR - LES GUERRES DE VENDÉE (1793-1794)

Ci-contre :
Portrait de
Jacques
Cathelineau,
*général vendéen,
par Anne-Louis
Girodet de Roucy
dit Girodet-
Trioson. Musée
de Cholay.*

Le « Saint d'Anjou », nommé ainsi pour sa piété et sa bravoure au combat, fut le seul à pouvoir imposer une autorité et une discipline inégalée à ces groupes souvent disparates qu'étaient les paysans vendéens.

Sa mort devant Nantes le 29 juin 1793 jette son armée dans le désarroi : la protection divine aurait-elle été retirée à son chef ?

VERSAILLES, 5 OCTOBRE 1789

La principale cause de révolte était la rareté des vivres et une terreur de la disette qui, au témoignage de l'ambassadeur d'Autriche, *« approchait du désespoir »*. « *On ne rencontre*, disait un autre diplomate, *que des visages pâlis et des mines allongées. – On se bat aux portes des boulangeries »*, écrivait-il le dimanche 4 octobre.

Ce jour-là on commença de connaître à Paris les détails d'un banquet offert au palais de Versailles dans la salle du théâtre, le 1er octobre, par les gardes du corps aux régiments nouvellement arrivés. On racontait que la cocarde tricolore

A gauche :
L'arrivée des
Parisiens à
Versailles,
le 5 octobre.

avait été foulée aux pieds, que des menaces avaient été proférées contre l'Assemblée, que la reine avait encouragé de sa présence ces manifestations.

Le lundi 5, dans la matinée, sept ou huit mille femmes en armes se mettaient en route pour Versailles. Elles allaient, disaient-elles, chercher du pain. Elles furent suivies par des milliers d'hommes, ouvriers sans travail, pour la plupart, puis par la Garde nationale. A six heures l'Assemblée était envahie et les abords du palais bloqués. La foule bivouaqua la nuit sur la place d'armes et dans les larges avenues qui y conduisent. Au matin les grilles du palais furent forcées, des gardes du corps furent tués, et des émeutiers pénétrèrent jusqu'à la porte de la chambre de la reine qui dut s'enfuir dans l'appartement du roi. Le 6 au matin, le roi pour apaiser les troubles, décida de se rendre à Paris. A deux heures il quitta le château de Versailles avec toute la famille royale, huit personnes enfermées dans une seule voiture qui s'en allait au pas, enveloppée de

A droite :
Entrée de
Louis XVI
dans Paris,
le 6 octobre 1789.

LES HEURES DIFFICILES DE LOUIS XVI

la foule où des hommes portaient au bout de leurs piques les têtes des gardes du corps tués dans la nuit. A onze heures Louis XVI était aux Tuileries.

Dix jours plus tard, le vendredi 16 octobre, l'Assemblée venait rejoindre le roi à Paris. Elle s'établit au début de novembre dans la salle du Manège, à côté du jardin de Tuileries, sur l'emplacement actuel de la rue de Rivoli.

LA FUITE

Louis XVI, conscient qu'il n'était plus libre, ne songea plus qu'à s'échapper de sa prison et fut de nouveau tout entier sous l'influence de ceux qui lui conseillaient de tenter un recours à la force pour reconquérir son autorité. Déjà, depuis le mois de novembre, il négociait avec son beau-frère, l'Empereur, afin que celui-ci amène aux

Ci-dessous : Arrestation de Louis XVI à Varennes, *par Jean-Pierre Berthault, Musée du Louvre, Paris.*

Ci-dessus :
Les adieux de
Louis XVI à sa
famille au
Temple, le 20
janvier 1793.
*Peint par Charles
Benazech, Musée
de Versailles.*

frontières des troupes dont les mouvements inti-
mideraient, pensait-il, les révolutionnaires.
D'autre part, une armée française sous le
commandement du marquis de Bouillé était
concentrée dans l'Est à Montmédy et à Metz.

Dans la nuit du lundi 20 au mardi 21 juin 1791,
Louis XVI, déguisé en valet de chambre, s'échap-
pait des Tuileries avec la famille royale. La lourde
berline qui l'emportait parvint sans encombre jusqu'à Varennes, un petit bourg de l'Argonne, où elle
entrait vers minuit. Là, en vertu d'ordres
lancés de Paris et que venait d'apporter le fils du
maître de poste de Sainte-Menehould, Drouet, la
voiture fut arrêtée. Le roi, ramené à Paris comme
un prisonnier, fut tenu sous bonne garde aux
Tuileries et suspendu de ses pouvoirs par
l'Assemblée qui décida d'assumer seule tout le gouvernement jusqu'à l'achèvement de ses travaux.

LES HEURES DIFFICILES DE LOUIS XVI

LE PROCÈS ET LA MORT DU ROI

La royauté abolie, il restait à régler le sort du roi. Dès le début d'octobre des pétitions envoyées des départements réclamaient sa mise en jugement pour crime de trahison. On objecta qu'en vertu de la Constitution de 1791, le roi était inviolable et irresponsable. Les partisans du procès déclarèrent qu'il n'y avait pas à se préoccuper de la loi : « *Il n'y a pas ici de procès à faire*, dit Robespierre... *Vous n'avez pas une sentence à rendre pour ou contre un homme, mais une mesure de salut public à prendre, un acte de providence nationale à exercer.* » A la fin de novembre sur les indications d'un serrurier, on découvrit aux Tuileries une armoire à porte de fer, où se trouvèrent de nouvelles et abondantes preuves des relations de Louis XVI avec les émigrés. Le procès fut dès lors inévitable. Il commença le 11 décembre et se termina le 20 janvier. Malgré l'éloquent plaidoyer de l'avocat de Sèze, la Convention déclara « *Louis Capet* » coupable de conspiration contre la liberté de la Nation et d'attentat contre la sûreté de l'Etat. Comme tel elle le condamna à mort. Le 20 janvier, trois heures du matin, elle décida que la sentence serait exécutée dans les vingt-quatre heures.

Le dimanche 21 janvier, sur la place Louis XV devenue la place de la Révolution, aujourd'hui la place de la Concorde, au milieu d'un carré de troupes et de gardes nationaux, la guillotine était dressée face aux Tuileries. Louis XVI monta à l'échafaud à dix heures. Il essaya de parler au peuple qui se pressait derrière les soldats. Un roulement de tambour couvrit sa voix.

Ci-dessous : Exécution de Louis XVI, 1793. *Peint par Charles Benazech.*

LES GIRONDINS ET LES MONTAGNARD.

Le canon qui avait annoncé la victoire de Valmy, annonçait en même temps l'ouverture de la Convention et la proclamation de la République (21 sept. 1792). La Convention concentra en elle-même tous les pouvoirs : ses membres, non seulement faisaient les lois, mais, divisés en comités, s'étaient partagé l'administration.

Les membres les plus modérés de la nouvelle assemblée, appelés les *girondins* parce qu'ils étaient dirigés par les députés de la Gironde, siégeaient à droite : Brissot, Pétion, Vergniaud, Guadet, Isnard, Valazé, etc ; ils croyaient la Révolution terminée. A gauche, sur les bancs les

Ci-dessous : Camille Desmoulins avec sa femme Lucile et son fils Horace-Camille, vers 1792. Ecole française du XVIIIᵉ siècle, Musée de Versailles.

Ci-contre :
Portrait de
Robespierre.
*Musée
Carnavalet, Paris.*

plus élevés, se rangèrent les députés de Paris, les *montagnards*, Robespierre, Danton, Billaud-Varennes, Drouet, le duc d'Orléans appelé Philippe-Egalité, Couthon, Saint-Just, Collot-d'Herbois et enfin Marat. Entre les girondins et les montagnards flottait un grand nombre d'hommes se défiant des uns, mais ayant peur des autres.

DANTON (Georges-Jacques) est né à Arcis-sur-Aube en 1759. Dès le début de la Révolution, il se lança dans la politique, devint électeur du département de Paris, et fonda, en 1790, le club des Cordeliers. Mais son importance ne commença qu'en 1791, à la suite de l'évasion du roi, dont il provoqua la déchéance par une pétition qui le fit poursuivre judiciairement. Il alla passer six semaines en Angleterre et revint en France pour se faire élire substitut du procureur de la Commune (nov. 1791). Il usa de l'influence que lui donnait ce poste pour organiser, au 10 août, l'attaque des Tuileries, et fut récompensé de son rôle dans cette journée par le ministère de la Justice. Le 2 septembre, il prononçait à la Législative la harangue énergique où se trouve la phrase fameuse : « *Pour les vaincre (les ennemis), il nous faut de l'audace, encore de l'audace,*

toujours de l'audace, et la France est sauvée ! » Le 8 septembre, jour de son élection à la Convention, commence sa vie parlementaire. Il siégea à la Montagne, pressa le jugement et la mort de Louis XVI, puis se consacra presque exclusivement aux affaires extérieures et à la défense contre l'Europe. Il était partisan d'une politique de propagande révolutionnaire, qu'il essaya vainement d'appliquer dans une mission en Belgique. Quand les armées de la Coalition devinrent menaçantes, il détermina par son éloquence l'adoption de toutes les mesures propres à faire trompher la résistance : levée de 300 000 hommes (avr. 1793), institution du tribunal révolutionnaire, dictature du comité de Salut public (sept. 1793). Arrêté sur l'ordre de Robespierre, le 31 mars 1794, il fut traduit devant le tribunal révolutionnaire, sous l'inculpation de conspiration contre la République et condamné à mort. Au moment de mettre sa tête sous le couperet, il se tourna vers le bourreau et lui dit : « *Tu montreras ma tête au peuple : elle en vaut bien la peine !* »

Ci-contre :
Arrestation de
Robespierre
le 28 juillet 1794.

LES ACTEURS DE LA RÉVOLUTION

Ci-dessus :
Marat assassiné,
par J.-L. David,
Château de
Versailles.

Ci-contre :
Marat, *peint par*
J. Boze.

MARAT (Jean-Paul) est né à Boudry (Suisse) en 1743. Après un voyage en Europe et un séjour à Londres, pendant lequel il publia un *Essai philosophique sur l'homme* (1773) et un pamphlet, *les Chaînes de l'esclavage*, il obtint le titre de docteur en médecine de l'université de Saint-André d'Ecosse (1775) et retourna en France. Nommé médecin des gardes du corps du comte d'Artois, l'invention d'un remède contre la phtisie le mit un moment à la mode.

Sa première brochure, *Offrande à la patrie*, et le numéro unique du *Moniteur patriote* furent bientôt suivis des diatribes véhémentes *du Publiciste parisien* (1789), qui fut par la suite le célèbre *Ami du peuple*. Administrateur de la Commune après le 10 Août, il eut une grande part de responsabilité dans les massacres de septembre ; c'est lui qui signa la lettre envoyée aux municipalités de province pour les engager à suivre l'exemple de la Commune. Député de Paris à la Convention (9 sept. 1792), Louvet, puis Vergniaud demandèrent en vain son expulsion. Il attaqua Dumouriez, dénonça la « trahison » de Roland et montra une âpre violence dans le procès du roi. Traduit devant le tribunal révolutionnaire pour les diatribes incessantes qu'il publiait contre les girondins dans son nouveau journal, *le Publiciste de la république*, il fut acquitté en triomphe (avril 1793). Après le 31 mai, il put enfin jouir de la défaite de ses adversaires. Malade, mais soigné avec sollicitude par sa sœur Albertine et son amie Simone Evrard, il avait cessé d'aller à la Convention, quand il fut assassiné dans sa baignoire, par Charlotte Corday.

Le peuple pleura sa mort comme un désastre national. On célébra ses funérailles solennellement, et son cercueil alla remplacer celui de Mirabeau au Panthéon, en 1794, jusqu'en 1795. Marat, en dépit de l'enthousiasme qu'il excita quelquefois, fut le plus redouté et le plus haï des grands révolutionnaires.

Ci-dessous : Arrestation de Charlotte Corday, *peint par Jean-Baptiste Greuze. Musée Lambinet, Versailles.*

LES ACTEURS DE LA RÉVOLUTION

A gauche :
Louis-Philippe,
duc d'Orléans,
peint par
Reynolds.

Au centre :
Portrait de
Madame Roland.
Anonyme, Musée
Lambinet,
Versailles.

LOUIS-PHILIPPE

Le 24 juin 1789, les curés ainsi que quarante-sept députés de la noblesse rejoignirent le Tiers-Etat dans ses revendications : l'Assemblée nationale devient Constituante.

Parmi ces nobles, se trouve le duc d'Orléans. Son rang – il est le cousin du roi – en fait le chef de file d'un groupe d'aristocrates progressistes que les journaux royalistes appellent la faction d'Orléans. Celui qui deviendra Philippe-Egalité est un anglophile convaincu.

Ce groupe des candidats à la potence – dans lequel se trouvent en 89, Mirabeau, Talleyrand, le duc de Lauzun, futur Biron, entre autres, et aussi Choderlos de Laclos, l'auteur des « Liaisons dangereuses » – conspire-t-il vraiment dans le but d'instaurer une monarchie constitutionnelle dont Philippe serait, sinon le roi, du moins le régent ? Un fragment des *Mémoires de Madame Roland*, concernant la pétition qui, après Varennes, demandait le jugement du roi va dans ce sens : « *Il (Laclos) proposait comme dernier article je ne sais plus quelle clause qui rappelait la royauté et ména-geait une porte à d'Orléans.* »

A droite :
Jean-Baptiste
Belley, *peint par*
Girodet.

JEAN-BAPTISTE BELLEY

Belley est un député de Saint-Domingue élu au Conseil des Cinq-Cents après avoir été membre de la Convention.

Alors que le 7 mai 1791, une loi accorde le droit politique aux affranchis, principalement des mulâtres, la Convention, en février 1794 abolit l'esclavage dans les colonies françaises.

En 1802, l'esclavage sera rétabli dans les colonies françaises par le Consulat, et cette institution perdurera juridiquement jusqu'en 1848, et dans les faits encore plus longtemps. L'idée néanmoins servit et les Haïtiens infligeront sa première défaite à Bonaparte : en 1803, après douze années de troubles répétés, les troupes françaises capituleront à Saint-Domingue.

LE CALENDRIER RÉVOLUTIONNAIR

Le premier jour de la République, 22 septembre 1792, devint le départ d'une ère nouvelle, l'ère républicaine ; et plus tard, un conventionnel ingénieux, Fabre d'Eglantine, inventa un calendrier républicain qu'on substitua à l'ancien. Frappé des inconvénients qu'entraînait dans le calendrier ordinaire ou grégorien l'irrégularité des mois, de 28, 29, 30 ou 31 jours, il les unifia tous à 30 jours. Mais comme 12 mois de 30 jours ne font que 360 jours, il plaça à la fin de chaque année cinq jours intercalaires consacrés, du 18 au 22 septembre, aux réjouissances publiques et appelées sans-culottes. Les mois reçurent des noms sonores et bien appropriés à leur saison : pour l'automne, *vendémiaire, brumaire, frimaire* ; – pour l'hiver, *nivôse, pluviose, ventôse* ; – pour le printemps, *germinal, floréal, prairial* ; – pour l'été, *messidor, thermidor, fructidor*.

Ci-contre :
Messidor.

Chaque mois se divisait, non pas en quatre semaines qui ne coïncident pas exactement avec lui, mais en trois décades de dix jours ; ceux-ci portaient le nom de *primidi, duodi, tridi, quartidi, quintidi, sextidi, septidi, octidi, nonidi, décadi*.

Ces réformes étaient ingénieuses. Fabre d'Eglantine alla plus loin, et, soucieux de trouver une dénomination plus caractéristique pour chaque jour, il les désigna du nom des fruits, des fleurs, des instruments de labour. L'idée était touchante, mais le résultat fut un peu ridicule : ainsi, pour le mois de vendémiaire, le 3 était châtaigne, le 4, colchique, le 5, cheval, le 6, balsamine, le 7, carotte, le 8, amarante, le 9, panais, le 10, cuve, le 11, pomme de terre, le 12, immortelle, le 13, portiron, le 14, réséda, le 15, âne, le 16, belle-de-nuit, le 17, citrouille, etc. Comme on substitua alors au nom de baptême le nom du jour où l'on était né, on eut le général Peuplier Lamer, le général Pervenche Doppet, etc. Il aurait été désagréable de naître le 7, le 9, le 11, le 15, le 17 vendémiaire.

Le calendrier républicain cessa d'être en vigueur sous l'Empire, à partir de 1806.

LA VIE SOCIALE SOUS LA RÉVOLUTION

Sous l'Ancien Régime, chacun vivait chez soi et peu de gens s'intéressaient aux affaires du royaume.

La Révolution, dès 1789, amena un grand changement dans l'état de la société, dans les habitudes et dans les mœurs.

L'égalité avait été proclamée dans la nuit du 4 août. Plus de castes. Bourgeois, ouvriers, paysans se mirent à discuter les affaires politiques. Dans les villes, ils s'assemblaient sur les places publiques, dans les clubs ou dans les cafés : le *Moniteur*, le *Vieux Cordelier*, l'*Ami du peuple*, etc. Ils assistaient aux réunions des conseils municipaux, se rendaient aux bureaux électoraux pour l'élection des députés et des fonctionnaires de tout ordre. Mais les votants étaient peu nombreux, 1/10e seulement des inscrits pour les élections à la Convention nationale.

Les paysans achetèrent les biens nationaux et devinrent de petits propriétaires très attachés à la Révolution. Des Sociétés politiques se formèrent dans la plupart des communes et furent en relations avec les Comités de Paris, les cordeliers ou les jacobins.

Ci-dessus : Femmes et jeunes filles*, par* Le Sueur, Musée Carnavalet.

A Paris, la vie publique était très intense : les journées du 14 juillet 1789, de la Fédération, des 5 et 6 octobre, etc., furent organisées avec le peuple. Les tribunes des clubs et celles de la Constituante, de la Législative et de la Convention étaient remplies de citoyens attentifs aux discussions et qui, souvent, intervenaient.

On ne s'appelaient plus monsieur ou madame, mais citoyen ou citoyenne. On se tutoyait. On désignait les domestiques sous le nom de servants ou officieux.

Ci-dessus :
Tricoteuses
jacobines,
Bonnet rouge,
par le Sueur,
Musée
Carnavalet.

Le costume subit aussi de grands changements : les hommes et les femmes s'habillèrent très simplement. Les hommes remplacèrent la culotte par le pantalon, de là le nom de sans-culottes.

Les femmes renoncèrent aux modes luxueuses et affectèrent une « simplicité américaine ».

LES GUERRES DU DIRECTOIRE

LA CAMPAGNE D'ITALIE (1796-1797)

Bonaparte, né à Ajaccio, en Corse, en 1769, s'était déjà signalé au siège de Toulon et il avait été nommé général en chef, à vingt-six ans. Il se révéla comme le plus grand génie militaire des temps modernes.

Avec 50 000 hommes contre 200 000 et des soldats mal équipés et mal nourris, il fut vainqueur dans les 12 batailles qu'il livra et dont les plus célèbres furent celle de Lodi, d'Arcole et de Rivoli.

Bonaparte pénétra en Autriche et marcha, lui aussi, sur Vienne. Mais l'empereur effrayé demanda la paix. Elle fut conclue à Campo-Formio, le 17 octobre 1797.

L'Autriche reconnaissait à la France la Belgique et la rive gauche du Rhin et elle lui cédait la Lombardie et le Milanais.

LA CAMPAGNE D'ÉGYPTE (1798-1799)

Bonaparte décida le Directoire à faire la conquête de l'Egypte, il débarqua à Alexandrie, remporta sur les Turcs la victoire des Pyramides et entra au Caire (1798).

La flotte française fut détruite à Aboukir par l'amiral Nelson. Bonaparte se dirigea alors vers la Syrie pour menacer l'Inde anglaise. Vainqueur au Mont-Thabor, il échoua devant Saint-Jean-d'Acre. Il revint en Egypte pour combattre les Anglais qui s'étaient unis aux Turcs et remporta sur eux la belle victoire d'Aboukir (1799).

Ci-contre :
Le général
Bonaparte au
Pont d'Arcole en
1796.

Mais il abandonna son armée à Kléber et revint en France avec l'intention de renverser le Directoire.

Kléber fut assassiné en 1800. Ses soldats furent rapatriés, l'année suivante, par les Anglais.

L'expédition d'Egypte échoua. Toutefois, les savants amenés par Bonaparte transformèrent le pays par de grands travaux et l'un d'eux, Champollion, réussit à déchiffrer l'écriture des Egyptiens.

1713
Naissance de Diderot (mort en 1784).

1718
Voltaire (François-Marie Arouet dit), (1664-1778): *Œdipe*, tragédie qu'il avait commencée lors de son emprisonnement à la Bastille. Daniel Defoë (1661-1731): *Robinson Crusoé.*

1721
Charles de Montesquieu (1689-1755) : *Lettres persanes,* critique de la société française.

1730
Le Jeu de l'amour et du hasard de Marivaux.

1731
L'abbé Prévost rédige *l'Histoire du chevalier des Grieux et de Manon Lescaut.*

1737
Marivaux : *Les fausses confidences,* comédie.

1747
Première version de *Zadig* de Voltaire.

1748
Montesquieu : *L'Esprit des Lois*.

1750
Saint-Simon termine ses *Mémoires*.

1752
Les deux premiers volumes de *l'Encyclopédie* de Diderot sont interdits.

1760
Diderot entreprend la rédaction de *La Religieuse*.

1763
Le *Contrat Social* de Rousseau est brûlé publiquement à Genève.

1765
Jacques le Fataliste de Diderot.

1767
Rousseau entreprend la rédaction des *Confessions*.

1771
Bougainville, Français : *Voyage autour du Monde*, récit du premier tour du monde en bateau.

1707

Papin : bateau à vapeur.

1710

Impression à 3 couleurs inventée par J.C. Le Blon.

1714

Thermomètre à mercure à échelle de température graduée par Fahrenheit.

1730

Le physicien et naturaliste Réaumur réalise un thermomètre à alcool.

1733

Le chimiste et physicien Du Fay distingue l'électricité positive et négative.

1736

Claudius Aymand (1680-1740) : première opération connue et réussie de l'appendicite.

1737

Linné publie *Flora Lapponica* ; ainsi que *Genera Plantarum*, début de la botanique moderne.

1738

Remplacement des rails de bois par des rails de fer.

1749

Georges de Buffon (1707-1788) : *Histoire naturelle*, en 36 volumes.

1752

Invention du paratonnerre par Franklin.

1763

Fondation à Lyon de la première école vétérinaire.

1768

Monge publie sa *Géométrie descriptive*.

1771

Cugnot met au point son chariot à vapeur.

1774

Laplace est le premier à introduire l'hydrodynamique dans la théorie des marées.

1776

Premier sous-marin. Lavoisier montre que l'air est composé en majeure partie d'oxygène et d'azote.

1783

Montgolfier et Pilâtre de Rozier font les premières ascensions en ballon.

1785

Blanchard invente le parachute.

1785-1789

Le mécanicien et physicien Coulomb donne les bases de l'électro-dynamique.

1795

Bocaux pour la conservation des aliments, créés par François Appert. Adoption du système métrique en France.

1796

Laplace : système du monde et mécanique céleste.

1800

Invention de la pile électrique par Volta.

1718

Antoine Watteau (1684-1721) : *L'Embarquement pour Cythère*. Construction de l'Elysée, à Paris.

1737

Castor et Pollux, de Rameau, est présenté pour la première fois à Paris.

1740

Bénédicité de Chardin, le *Triomphe de Vénus* de Boucher.

1740-1745

Les Chevaux de Marly sont sculptés.

1752

Ecole militaire à Paris entrepris par Gabriel.

1763

Glück : *Orphée et Euridice*, opéra de l'école française. Mozart (1756-1791), âgé de 7 ans, entreprend sa tournée d'enfant prodige.

1767

L'Escarpolette peint par Fragonard.

1774

Glück écrit un drame musical : *Iphigénie en Aulide*.

1775

Gabriel termine la place Louis XV, la futur place de la Concorde.

1781

Le sculpteur Houdon exécute les bustes de ses contemporains : Rousseau, Voltaire, Diderot...

1784

Première du *Mariage de Figaro* de Beaumarchais au théâtre.

1789

Les Licteurs rapportant à Brutus les corps de ses fils, peint par David.

1790

Création du Musée du Louvre. Rouget de Lisle compose le *Chant de guerre pour l'armée du Rhin* qui sera plus tard appelé la Marseillaise.

1793

Marat assassiné, peint par David.

1795

Fondation du Conservatoire de Musique de Paris.

1715

Mort de Louis XIV. Avènement de Louis XV.

1715-1723

Régence du duc d'Orléans.

1716

Création de la banque de Law.

1718

Alliance réunissant la France, l'Angleterre, la Hollande et l'Autriche.

1723

Mort du duc d'Orléans, quatre mois après celle du cardinal Dubois, son premier ministre.

1723-1726

Ministère du duc de Bourbon.

1725

Mariage de Louis XV, roi de France, avec Marie Leckzinska. Mort de Pierre le Grand; accession au trône de sa veuve, Catherine 1re. Le traité de Vienne unit les Bourbons d'Espagne et les Habsbourg d'Autriche.

1726-1743

Ministère de Fleury.

1733-1735

Guerre de la Succession de Pologne, en faveur de Stanislas Leszczyński.

1738

La France relie le Canada au delta du Mississippi. Traité de Vienne, qui met fin à la guerre de la Succession de Pologne. Les préliminaires du traité, signés depuis trois ans, avaient fait cesser les hostilités en 1735.

1741-1748

Guerre de la Succession d'Autriche, contre Marie-Thérèse.

1743

Début du règne personnel de Louis XV.

1745

Bataille de Fontenoy, gagnée par Maurice de Saxe sur les Anglais et les Hollandais.

1746

Dupleix prend Madras aux Indes.

1748

Prise de Maëstricht par le maréchal de Saxe. Traité d'Aix-la-Chapelle, qui termine la guerre de la Succession d'Autriche.

1754

Les Anglais attaquent les Français en Amérique. Dupleix est rappelé des Indes.

1756-1763

Guerre de Sept ans.

1758

Choiseul est nommé ministre des Affaires étrangères.

1759

Les Anglais s'emparent du Québec. Mort de Montcalm.

1760

Prise de Montréal par les Anglais.

1761

Condamnation des jésuites. Le pacte de famille.

1762

L'affaire Calas.

1763

La paix de Paris entre la Grande-Bretagne, la France, l'Espagne et l'Autriche, met fin à la guerre de Sept ans.

1764

L'expulsion des jésuites.

1766

Réunion de la Lorraine à la France.

1768
La république de Gênes vend l'île de Corse à la France.

1770
Disgrâce de Choiseul.

1772
Premier partage de la Pologne, entre la Russie, l'Autriche et la Prusse.

1774
Vergennes et Turgot nommés ministres. Mort de Louis XV. Avènement de Louis XVI, son petit-fils.

1775
« Guerre des farines ».

1776
Turgot est disgrâcié.

1777
Necker aux Finances.

1778-1783
Guerre d'Amérique pour soutenir les colonies anglaises, qui s'étaient soulevées et avaient proclamé leur indépendance sous le nom d'Etats-Unis.

1781
Renvoi de Necker.

1782

Echec franco-espagnol devant Gibraltar. Suffren bat les Anglais en Inde.

1783

Traités de Paris et de Versailles.

1788

Convocation des états généraux.

1789

4 août. Abolition des privilèges.
26 août. L'Assemblée vote une Déclaration des droits de l'homme et du citoyen.
– Journées des 5 et 6 octobre.
5 mai. Ouverture des états généraux à Versailles.
20 juin. Serment du Jeu de Paume.

1790

Division de la France en 83 départements.
12 juillet. Constitution civile du clergé.
14 juillet. Fête de la Fédération au Champ-de-Mars.

1791

– **20-22 juin.** Fuite du roi; son arrestation à Varennes.
– **17 juillet.** Emeute au Champ-de-Mars.

– **14 septembre.** Proclamation de la constitution de 1791.
– **30 septembre.** Clôture de l'Assemblée constituante.
– **1er octobre.** Ouverture de l'Assemblée législative.

1792

– **20 avril.** Déclaration de guerre à l'Autriche et à la Prusse.
– **Journée du 20 juin.** Insurrection des faubourgs.
– **11 juillet.** Proclamation de la patrie en danger.
– **Journée du 10 août.** Insurrection des faubourgs.
– **2, 3, 4, 5 septembre.** Massacres dans les prisons.
– **20 septembre.** Bataille de Valmy, gagnée sur les Prussiens par les généraux Dumouriez et Kellermann.
– **21 septembre.** Proclamation de la République.
– **22 septembre.** Commencement pour la France de l'*ère républicaine*.
– **6 novembre.** Bataille de Jemmapes, gagnée sur les Autrichiens par le général Dumouriez.
– **11 décembre.** Commencement du procès de Louis XVI par la Convention.

1793

– **19 janvier.** Louis XVI est condamné à mort par la Convention.

– **21 janvier.** Mort de Louis XVI.

– **9 mars.** Etablissement du tribunal révolutionnaire.

– **25 mars.** Etablissement du Comité de salut public.

– **31 mai - 2 juin.** Proscription des girondins.

La Terreur (**2 juin 1793 - 27 juillet 1794**).

– Soulèvement de la Vendée.

– La ville de Lyon s'insurge contre la Convention ; elle est réduite après un siège de 70 jours.

1794

– **9 thermidor (27 juillet).** Chute de Robespierre et fin de la Terreur.

Le drapeau tricolore est adopté.

Bataille de Fleurus, gagnée par Jourdan sur les Autrichiens.

1795

– **Journée du 13 vendémiaire (4 octobre).**

1795-1799

Du 27 octobre 1795 au 9 novembre 1799

Le Directoire, établi par la Constitution de l'an III, était une commission de cinq membres chargée du pouvoir exécutif.

1796-1797

Campagne de Bonaparte en Italie.

1797

Traité de Campo-Formio avec l'Autriche.

– **Journée du 18 fructidor (4 septembre).**

1798

Les Français envahissent la Suisse et établissent une République helvétique.

1798-1799

Expédition d'Egypte.

1799-1802

Deuxième coalition contre la France.

1799

Journées des 18 et 19 brumaire (9 et 10 novembre). Bonaparte renverse le Directoire.

Compogravure : Perrissin-Fabert, Annecy
Impression, brochage : P.P.O., Pantin